高情商沟通术

[美]戴尔·卡耐基／著
邢海鸟／译

吉林出版集团股份有限公司

图书在版编目（CIP）数据

高情商沟通术 / (美) 戴尔 · 卡耐基著 ; 邢海鸟译
. — 长春 : 吉林出版集团股份有限公司 , 2019.7
ISBN 978-7-5581-6822-2

Ⅰ . ①高… Ⅱ . ①戴… ②邢… Ⅲ . ①人际关系学－通俗读物 Ⅳ . ① C912.11-49

中国版本图书馆CIP数据核字(2019)第090127号

高情商沟通术

著　　者	［美］戴尔 · 卡耐基
译　　者	邢海鸟
责任编辑	齐　琳　史俊南
责任校对	周　骁
封面设计	邢海燕
开　　本	880mm × 1230mm　1/32
字　　数	135千字
印　　张	7
版　　次	2019年7月第1版
印　　次	2019年7月第1次印刷
出　　版	吉林出版集团股份有限公司
电　　话	总编办：010—63109269
	发行部：010—85173824
印　　刷	河北盛世彩捷印刷有限公司

ISBN 978-7-5581-6822-2　　定价：39.80 元

▼

阅读本书的九个建议

（一）如果你想从这本书里得到最大的收益，就必须具备一项基本条件——拥有学以致用的强烈欲望，以及提高人际交往能力的坚定决心。如何才能激发这种强烈的学习欲望呢？请时刻提醒自己这些原则的重要性，想象一下这些原则给你带来的更丰富、更精彩、更幸福的生活。请反复地提醒自己：“人际交往能力决定了我的受欢迎程度、我的幸福感和价值感。”

（二）如果你是为了提高自己的人际交往能力而阅读此书的话，那么，请你仔细研读本书每一个章节的内容。除非你只是为了消磨时间而读这本书，否则请不要只是匆匆翻完整本书。在你要看下一章内容之前，请先把这一章内容再仔细研读两遍。只有把每一个章节的内容完全“吃透”，才能真正掌握其中的技巧，并熟练运用。这才是最省时也是最有效的阅读方法。

（三）在阅读完每一个章节的时候，请你停下来认真思考一下，你从中领悟到了什么？你如何才能在现实生活中去灵活运用它？只有不断地给自己抛出疑问，你才能学到更多。

（四）在阅读本书时，请你准备一支笔，当你读到一些比较重要的内容时，可以在旁边做上标记，加一些特殊符号，或者做一些阅读笔记。做标记不仅可以让读书的过程更有趣，还可以让你在温习的时候对重点内容一目了然。

（五）温故而知新。不要以为匆匆翻阅一遍本书后，你就可以灵活运用其中的技巧了。要想真正掌握技巧并运用自如，你必须每月都抽出一些时间来温习，平时也要把这本书放在你的书桌上，经常拿出来翻看。只有把阅读此书当成生活中的一部分，你才能在生活中熟练运用书中所说的原则。

（六）萧伯纳曾这样说过："如果你试图教一个人某件事，那么他永远都学不会。"学习必须是积极主动的。如果你想要将这本书中所研究的原则运用自如，那就应当抓住生活中每一个运用这些原则的机会。如果你不在实践中对这些原则加以运用，那么，你很快就会将它们忘掉。只有经常使用的知识才会让人牢牢记住。

当然，书中的建议未必适用于所有的场合。想要将书中的建议付诸实践也是很有难度的。比如说，当你不高兴的时候，指责他人比试着理解他人要容易得多；指出他人错误也比夸赞他人容易得多；人们更喜欢谈论自己想说的事情而不是对方想听的事情。因此，在阅读本书的时候请时刻提醒自己，你并不仅仅是在学习知识，而是在尝试着培养新的习惯。除此之外，你也是在寻求一种新的生活态度。这需要时间、毅力和在日常生活中不断实践。

因此，请把本书当作生活中处理人际关系的行动指南，时常翻阅温习。当你想要解决管教孩子、说服家人或者安抚客户等问题时，请不要轻易地做出决定，因为人的第一反应往往是错误的。请你把本书翻到重点标记的地方，然后试试这些全新的方法，看看它们是否能够帮你创造奇迹。

（七）给自己制定一些适当的惩罚措施。不妨让你身边的亲人或朋友监督你，当他们发现你违反书中某一项原则时，你就给他们一角钱或一元钱的奖励，也作为你对自己的惩罚。把掌握这些原则的过程当作有趣的游戏过程吧！

（八）华尔街一家银行的行长曾在我的课上跟大家分享了他自我提升的办法。他并没有接受过正规的教育，但是他却是全美最著名的银行家之一。他认为他取得的成就在很大程度上归功于他自创的一套方法。下面，我尽量用他的原话来介绍这套方法：

“这些年来，我习惯把每天的日程记录下来。我的家人会把星期六晚上的时间留给我，因为他们知道我要利用星期六晚上的时间进行自我检讨和自我评估。晚饭后，我就会打开记事本，回想这一周的会谈、讨论和会议。我会问我自己：‘那一次，我犯了什么错’‘我的哪些做法是对的？怎么才能表现得更好呢？’‘从那次经历中，我都学到了什么？’

“开始的时候，每周一次反省让我感到很郁闷，我经常为自己所犯的错误感到懊恼。但这些年下来，我犯的错误不断减少，有时还会自我安慰一下，告诉自己做得很棒。我年复一年地坚持使用这套方法，这个习惯让我受益匪浅，比其他任何方法都管用。

“这种方法让我的决策能力得以提高，在与人交往的时候，它所发挥的作用也不容忽视。我向大家强烈推荐这个方法。”

为什么不用同样的方法来检查一下你对本书原则的应用情况呢？这样做有两个好处：

首先，你会发现自己处于一个有趣而无价的学习过程中。

其次，你会发现自己的人际交往能力飞速提高。

（九）请你在纸上记下自己对本书中各项原则的实践成果，要详细地记录名字、日期和效果。记录自己的成就会激励你不断进步。多年之后，当你翻到自己的记录时，会发现这是多么有趣的事情啊！

目　录

情商篇

第一章　如何成为一个高情商的人

第一节　提高情商从停止批评开始　— 003

第二节　适当的赞美是良好关系的第一步　— 010

第三节　激发对方需求，让对方主动靠近　— 017

第二章　如何让所有人都喜欢你

第一节　真诚地关心他人，才能换来他人的关心　— 026

第二节　用微笑建立美好的第一印象　— 034

第三节　牢记他人姓名，能获得双倍好感　— 039

第四节　学会倾听，鼓励别人多说话　— 047

第五节　谈论对方感兴趣的话题　— 055

第六节　让对方感到他很重要　— 061

沟通篇

第三章　如何让所有人都赞同你

第一节　争辩中获胜的唯一方法是避免争辩　— 071

第二节　尊重对方意见，千万别说“你错了”　— 078

第三节　坦然承认错误能让你得到更多　— 085

第四节　友善比强势更有力量　— 092

第五节　先让对方说“是”　— 100

第六节　尽量让对方多说话　— 107

第七节　让别人愿意与你合作　— 115

第八节　学会从对方角度分析问题　— 122

第九节　用同情的话语获得对方的认同　— 128

第十节　激发对方高尚的动机　— 136

第十一节　用戏剧化的方法打动人　— 143

第十二节　激发对方的好胜心　— 150

第四章　如何让对方接受你的批评和要求

第一节　用赞美开始一段批评　— 157

第二节　委婉地指出对方的错误　— 165

第三节　批评对方前先反思自己　— 171

第四节　用请求替代命令　— 176

第五节　巧妙地给对方留足面子　— 181

第六节　称赞对方的每一个小进步　— 188

第七节　称赞对方的名声，让对方主动改变　— 196

第八节　学会鼓励，让对方勇于改变　— 202

第九节　让对方乐于帮你做事　— 209

情商篇

第一章　如何成为一个高情商的人

▼

第一节　提高情商从停止批评开始

1931年5月7日，纽约市发生了一起骇人听闻的剿匪事件。经过几个星期的搜捕，警方终于将被称为“双枪杀手”的克洛雷围困在西区大街的情人公寓中。

150名警察包围了克洛雷在公寓顶层的藏身之处。他们在屋顶打了个洞，试图用催泪瓦斯把这个杀害警察的凶手熏出来。他们还在四周的建筑物上架起了机关枪，在接下来的一个多小时里，这个原本清静的住宅区中，手枪和机关枪的声音持续不断。克洛雷藏在一张堆满杂物的椅子后面，不断地向警察开枪。上万名百姓在现场目击了这场枪战。这种场面在纽约历史上前所未有。

当克洛雷被捕后，警察总监穆罗尼指出，克洛雷可以说是纽约治安史上最危险的一个罪犯。“他杀人连眼睛都不眨一下。”

那克洛雷是怎么评价自己的呢？在警方人员围击他藏身的公寓时，克洛雷写了一封公开信，他在信上写道：“在我衣服下跳动的是一颗疲惫的心，但这颗心是仁慈的，它不会伤害任何人。”

在被捕之前，克洛雷把汽车停在长岛的一条公路旁，在车内跟一个女伴调情。突然走来一个警察，来到他停着的汽车旁边，说：“让我看看你的驾驶执照。”克洛雷一言不发，拔出手枪朝警察连开数枪。在警察倒地之后，克洛雷跳出汽车，从警察身上掏出手枪，又向警察的尸体开了一枪。这就是那个声称“在我衣服下跳动的是一颗疲惫的心，但这颗心是仁慈的，它不会伤害任何人”的杀人凶手。

克洛雷最终被判死刑，当他被押进兴格监狱死刑室时，他是否曾后悔说：“这就是我杀人的下场？”没有，他说的是：“我是为了保护自己，才被迫这样做的。”当所有人都对克洛雷进行指责的时候，克洛雷却对自己的罪行没有丝毫悔意，还自认为这是一种自卫的行为。人们的责骂声越大，他的抵触心理就越强，更加认为自己的行为是正当的。

我曾经和兴格监狱的典狱长路易斯·劳斯就此通信讨论过。他在回信中说：“在兴格监狱中，很少有罪犯会承认自己是坏人。他们和你我一样，有共通的人性，因此他们会为自己的行为辩解。他们会解释为什么他们必须要撬开保险箱，为什么接连开枪杀人。大多数罪犯都会有意识地为自己的反社会行为作辩护。他们坚信自己的行为是正当的，不应该被关入监狱。”

连“双枪”杀手克洛雷和兴格监狱里的罪犯都认为自己什么都没做错，那么你我所接触的人是否更是如此呢？

已故的连锁百货商场之父约翰·华纳梅格曾说过：“我在30年前就已经明白，批评别人是一件愚蠢的事。克服自己的缺陷就已经非常困难了，哪还有精力去抱怨上帝为什么不把智慧平分给每个人。”

世界著名的心理学家斯金纳在动物试验中发现，一只在学习方面表现良好而得到奖励的动物，要比学得不好而受到惩罚的动物学得快，而且还能够记住它所学的东西。进一步的研究显示，这一结论同样适用于人类。批评并不能让别人产生永久性的改变，只会引起怨恨。

另一位伟大的心理学家汉斯·塞利也说：“我们总是希望得到别人的赞扬，同样我们也非常害怕别人对自己的指责。”

批评是没有用的，它只会让人心生抵触，并为自己的错误全力辩护。批评是危险的，因为它常常会伤害一个人宝贵的自尊，甚至让人萌生恨意。

1908年，西奥多·罗斯福离开白宫后，推选塔夫脱做了总统，然后自己便去非洲狩猎狮子。当他回到美国之后，对塔夫脱的保守政策非常不满，他指责塔夫脱守旧，想要再当第三任总统，并且组织了

“勃尔摩斯党”。这几乎毁灭了共和党。在随后的选举中，塔夫脱和共和党仅得到了佛蒙特和犹他两州的支持，这是共和党历史上最惨重的失败。

西奥多·罗斯福责备了塔夫脱，可是塔夫脱有没有反省呢？完全没有。塔夫脱两眼含着泪水说道：“我不知道怎样做，才能比我现在做得更好。”

究竟是谁做错了？这事情我不清楚，也没必要去关心。不过可以确定的是，罗斯福的批评并没有让塔夫脱承认自己犯了错。

再拿蒂波特山油田舞弊案来说吧。这一事件在美国引起了轩然大波。在美国历史上，还从没有发生过这类丑闻。亚伯特·福尔是哈定总统内阁的内政部长。当时他被授权主管政府在埃尔克山和蒂波特山的油田开采招标。开采的石油将预留给海军使用。福尔没有公开招标，而是把这份丰厚的合约给了他的朋友爱德华·多希尼。作为回报，爱德华·多希尼给了这位福尔部长10万美元的“贷款”。

紧接着，福尔部长又命令美国海军进驻这一地区，强行驱赶附近的油田开采商。被强行赶走的开采商心有不甘，将福尔告上法庭，揭发了蒂波特山油田舞弊案。这一丑闻影响非常恶劣，全国舆论为之哗然，共和党几乎垮台，福尔也因此被判入狱。

福尔因此遭到了公众的斥责。在美国政坛上，以前还没有人遭受过这样的谴责！他后悔了吗？根本没有！

许多年后，胡佛总统在一次公共演讲中暗示，哈定总统是因为被朋友出卖，神经受到刺激，才含恨离世的。当时福尔的妻子也在座，听到这话后立刻从座椅上跳了起来。她失声痛哭，紧紧握着拳头，大声说:“福尔出卖了哈定？不是的，我丈夫从没有对不起任何人。即使这间房子堆满了黄金，他都不会为之所动。他才是被别人出卖的，你们却把他钉上了十字架。”

从这件事可以看出，做错事只知道责怪别人而不自省是人类的天性，我们每个人都是如此。所以，当你想要批评别人的时候，就想想克洛雷和福尔这些人。批评就像被饲养的鸽子，无论它们飞得多远，总是会飞回家的。我们需要了解一个事实，我们想要批评或谴责的人，他们也会为自己辩护，甚至反过来谴责我们。

1865年4月15日，在林肯去世的时候，陆军部长斯坦顿说：“躺在那里的，是世界上最完美的元首。”

林肯是如何赢得人们爱戴的呢？我曾经花费近10年的时间研究林肯的一生，并且用了整整3年时间写了一部有关他的书《人性的光辉——林肯传》。我相信我对林肯的人格和他的家庭生活的研究，无人能够企及。在研究过程中，我特别注意了他为人处世的方式。

林肯是否曾有放任自己批评他人的时候呢？答案是肯定的，当他年轻的时候，在印第安纳州的鸽溪谷，他不但会批评别人，而且还写信作诗去讥笑别人。他把自己写好的东西扔到一定会被人捡到的街道边上。其中有一封信竟致使对方终生都痛恨他。

在搬到伊利诺伊州的斯普林菲尔德后，林肯成了一名律师。他多次在报纸上发表文章，公开抨击他的对手。这给他带来很多麻烦。

1842年秋季，林肯在斯普林菲尔德的报纸上刊登了一封匿名信，讽刺一位自负好斗的爱尔兰人——詹姆斯·谢尔顿。这封信引来了人们对谢尔顿的嘲笑。谢尔顿平时敏感而自负，这件事激起了他心头的怒火。当他查出写这封信的人是谁时，便立即跳上马去找林肯，并且要和他决斗。

林肯不愿意打架，更反对决斗，可是为了保存颜面，他只好答应下来。谢尔顿让他随便挑选武器。由于林肯的两条手臂很长，就选用了骑兵用的长剑，并向一位西点军校的毕业生学习剑术。决斗当天，他和谢尔顿来到密西西比河的河滩上，准备一决生死。就在决斗即将开始的时候，他们的同伴及时阻止了这场决斗。

这件事深深触动了林肯，他不再写信凌辱他人，也不再讥笑他人。从那时开始，他几乎从不为任何事而批评任何人。

美国南北战争的时候，林肯屡次委派新将领统率北方军队作战，可是这些将领几乎都遭到了惨败……林肯怀着失望而沉重的心情，一个人在屋子里踱步。全国几乎超过半数的人都在指责这些不能胜任的将领，可是林肯却始终保持着平和的态度。他最喜欢的一句格言是“不要评议别人，免得为人所评议”。

通过以上案例可以看出，批评是危险的导火线——一种能使自尊的火药库爆炸的导火线。这种爆炸，甚至会置人于死地。只有愚蠢的人才会从主观上去批评、斥责或抱怨他人。聪明的人往往会在克己上下功夫，提升自己的人格魅力，用宽容的心对待他人。正如约翰逊博士所说：“要知道，即使是上帝，如果还不到世界末日，他也不会轻易审判世人。”

任何时候，改变别人都很难，但改变自己却很容易。所以，我们要记住，不要轻易批评、责怪或抱怨他人。自我改变要比改变别人有用得多。

▼

第二节　适当的赞美是良好关系的第一步

赞美是对一个人的支持和肯定，对被赞美的人来说也是一种荣誉。赞美他人可以令对方进一步激发出自己的潜能和欲望，满足自身的自重感。懂得适当地赞美他人，是处理人与人之间良好关系的第一步。

美国哲学家约翰·杜威曾说过："人类天性最深层次的动力是渴求为人所重视。"他并没有用"希望""欲望"或是"向往"等字眼，而是说"渴求"。这是一种令人痛苦的、迫切需要解决的人类内心的"饥饿"，能够填补这种人类内心饥饿的人可谓凤毛麟角。如果有人能够满足这种渴求自重感的人，就可以轻易掌控他们的心。

当我还是密苏里州的一个农家儿童时，我父亲在家里饲养了牲口。父亲在农场里饲养了杜洛克猪和白脸牛，我们经常在中西部的集市和家畜展览会上出售我们的猪和牛，我们获得过几十次头等奖。我父亲把蓝缎带的奖章用针别在一条白布上，当亲友们来我家时，父亲就拿出这条白布来，我握着这一端，他握着那一端，将蓝缎带奖章展示给亲友们观赏。其实，这些猪和牛并不在乎它们赢得的蓝缎带奖章，但是我父亲却十分重视，因为这些奖品给他带来了荣誉，带来了一种自重感。

自重感是激起人类欲望的动力，正是对自重感的渴求，让林肯从一个没有受过良好教育的杂货店店员成了美国总统；正是对自重感的渴求，激励着狄更斯完成了不朽的作品；正是对自重感的渴求，令雷恩爵士创造出恢宏的建筑；正是对自重感的渴求，使洛克菲勒积累了用之不竭的万贯家财。也正是对自重感的渴求，使人们住上最豪华的大房子，穿上最新颖的服饰，驾驶最漂亮的轿车……它是人类前进的动力。

但是，如果人们对自重感的渴求偏离了正确的方向，也会促使人们走向错误的道路。许多青少年会成为盗匪，就是因为对自重感的渴求方向偏离，才导致误入歧途。前任警察总监玛罗尼曾说过："现如今，年轻罪犯的思想中充满着对虚名的盲目追求。在被捕后，他们的第一个反应就是要求看把他们标榜为'英雄'的报纸。他们只想看到自己的照片和爱因斯坦、林白、托斯卡尼、罗斯福等名人一样出现在报纸上，对于可能会被判坐电椅处死的悲惨下场，却根本不在意。”

一个人通过什么样的方法得到属于自己的自重感，决定了这个人的品性是否端正。洛克菲勒通过捐钱在中国北京建造现代化的医院，为成千上万的贫民治疗疾病，以此获得他的自重感，说明他品性优良。与之相反，狄林克则是通过做土匪、抢银行、杀人等方式来满足自己的自重感，这样的人品性十分恶劣。狄林克和洛克菲勒最大的差别，就在于他们获得自己自重感的方式不同，狄林克对自重感的渴求偏离了正确的方向。

在历史上，一些名人为了获得自重感而做了许多有趣的事情。哥伦布为了获得“海军上将兼印度总督”的名衔而远涉重洋；女皇凯瑟琳拒绝拆阅没有称她为“女皇陛下”的信件；林肯夫人在白宫像母老虎一样对格兰特将军的夫人大叫：“你竟然敢在我请你坐下之前就擅自坐下！”有的人为了博得同情和关注而故意装病。麦金莱总统的夫人就曾强迫她的丈夫放下国家的重要事务，依偎在她床边抱着她、抚慰她进入梦乡，而且每次都需要花好几个小时的时间。

人究竟为什么会精神错乱呢？有位医生告诉我，他也不知道为什么有些人会癫狂，没有人知道确切的原因。不过他又说，许多精神错乱的人，能够在疯癫中找到现实世界中无法获得的自重感。

他给我讲了一个真实的故事：

“我有一个病人，她的婚姻非常不幸。她期望从婚姻中得到爱情、孩子和社会地位。但是她所有的希望都被现实生活打破了。她丈夫不爱她，甚至拒绝跟她一起用餐，还要求她把饭菜端到楼上的房间，他就在楼上吃。她没有孩子，也没有社会地位。生活中的希望全部破灭，终于造成了她的精神错乱。

“在她的疯癫幻想中，她已经跟丈夫离了婚，恢复了她少女时的姓名。她现在坚信自己已经嫁入了英国皇室，坚持让身边的人称她为史密斯夫人。至于她曾经想要拥有的孩子，在幻想中也已经有了。每次我去看她时，她都告诉我昨夜生了一个孩子。”

这故事悲惨吗？我不知道。那位医师对我说：“即使我能够治好她的病，我也不愿意那样做。她现在似乎获得了她真正所期盼的快乐。”

人们对自重感的渴求是如此迫切，甚至不惜以发疯为代价。那么，如果在他们精神失常前，就给予他们真诚的赞扬，又会产生什么样的奇迹呢？

美国钢铁公司第一任总裁查尔斯·施瓦布是世界钢铁大王安德鲁·卡耐基事业上的助手，他成功的秘诀就是真诚地赞美别人。

安德鲁·卡耐基为什么要付给查尔斯·施瓦布高达100万美元的年薪？难道是因为查尔斯·施瓦布是位优秀的天才或是对钢铁制造有特殊的专长吗？并不是。查尔斯·施瓦布之所以能够获得这么高的薪水，靠的是他出色的为人处世的本领。

查尔斯·施瓦布说："我认为我最大的资本，就是我能够鼓动、激发员工热情的能力。而我充分发挥每一个人才能的方法，就是赞美和鼓励！世界上最容易摧毁一个人志向的，就是上司给他的批评。我从来不批评任何人，我只给人们工作的激励。我更加乐于称赞，而不喜欢挑剔。如果说我喜欢什么的话，那就是诚于嘉许，宽于称道。"

查尔斯·施瓦布平时待人不喜欢挑剔别人的错误，而是用赞美的方式去促使对方改正和进步。他说："我的一生交际很广，见过世界上很多知名人物。我发现所有的人，无论他如何伟大，地位如何崇高，当他在得到赞许的情况下工作时，总会比在被批评的情况下工作得更加出色，成就也更大。"

他所说的，也是安德鲁·卡耐基能够获得惊人成就的一个重要原因。安德鲁·卡耐基会公开地称赞他的员工，甚至在他的墓碑上，还不忘称赞他的员工。他为自己所写的碑文上有这样一句话："长眠于此的，是一个知道如何与比他自己聪明的人相处的人。"

真诚的赞美也是"石油大王"洛克菲勒为人处世的秘诀之一。当他的合伙人爱德华·贝德福德因为计划不周而在南美做砸了一笔大买卖，使公司损失上百万美元的时候，洛克菲勒原本想要责怪他，但他知道爱德华的确已经尽了自己最大的努力，更何况这件事已经发生了，即使责怪爱德华也无法挽回损失。于是他找了一些值得称赞的事来鼓励爱德华，说：“幸亏你保住了我们60%的投资，这已经很不错了。我们不可能保证每件事情都不出错。”

制作人佛罗伦兹·齐格菲尔德——这位极负盛名的歌舞剧团老板，在百老汇出尽了风头。在他的打造下，那些在人们眼中并不出色的女子能够一夜之间名扬四海，成为舞台上富有魅力的名角。他深知赞美和自信的力量，因此他总是会用热切的殷勤和无微不至的关怀，令那些女孩相信自己的美丽。他的关心既实际又浪漫，他曾把那些歌女的工资从每星期30美元增加到175美元；他还曾在《富丽秀》首演当晚，向剧中的明星们发电报祝贺，还给每一位参演的姑娘送上美丽迷人的玫瑰花。

赞美并不是阿谀奉承，溜须拍马是哄骗不了聪明人的。但是，有些人恰恰相反，对赞美的渴求让他们不能分辨真假，来者不拒。

就连维多利亚女王也容易被奉承话所左右。英国首相本杰明·迪斯雷利承认，他在与维多利亚女王打交道时，就经常恭维女王。但不能否认的是，他是一位十分精明能干的首相，他对待维多利亚女王的方法未必适合我们这些普通人使用。从长远来看，阿谀奉承坏处多多，奉承是虚情假意的，它就像是伪钞一样，当你把它花出去的时候，麻烦也会上身。

在人际交往中，千万不要忽略了对别人发自内心的赞美，这对对方来说既是一种认可，也是一种自重感的满足。但要注意，赞美不是谄媚，赞美是真诚的，而谄媚是虚伪的。谄媚是卑贱的赞美，要小心提防。英皇乔治五世曾在白金汉宫书房的墙上挂了六句格言，其中有一句是这样说的："澄明吾心，溢美之言，不受亦不予。"切记，恭维、谄媚之事，非君子所为。

爱默生说："凡我所遇到的人，都有胜过我的地方，在这些方面，我要向他们学习。"爱默生的话值得我们深思。我们应该善于发现别人的优点，把对人的恭维、谄媚忘掉，给予对方由衷、诚恳的赞美，让对方获得自重感。

▼

第三节　激发对方需求，让对方主动靠近

每年夏天，我都去缅因州钓鱼。虽然我喜欢吃杨梅和奶油，但我知道水里的鱼爱吃小虫，所以我去钓鱼的时候，不以杨梅或奶油为饵，而是以小鱼喜欢吃的小虫为饵，这样才能钓到鱼。其实，在处理人际关系上，同样可以用这个道理去“钓鱼”，把对方所需要的东西作为饵，才能吸引“鱼儿”上钩。只有拿出别人需要的东西，才能吸引对方主动靠近你。

安德鲁·卡耐基早年是个贫苦的苏格兰儿童，当时他工作的酬劳，每小时只有2美分，可是后来他捐赠给他人的钱，竟有三亿六千五百万美元。他很早就明白，影响他人的唯一方法，就是以对方的需求为出发点。虽然他只受过四年的学校教育，但是他却懂得如何与人相处。

曾经有这样一件事，安德鲁·卡耐基有两个侄子，他们都在耶鲁大学读书。他们总是借口学习很忙，从不主动给家里写信。他们的母亲为此感到十分伤心。安德鲁·卡耐基知道这件事后，他给两个侄儿写了封闲谈的信。他在这封信的最后附上了一句，说他随信附上了5美元。

但是，寄信的时候，他并没有把钱装入信封。

很快，回信来了，两个侄儿感谢他们的叔叔的来信，而他们也在信中带上了这样一句“钱没有收到”。

卡耐基以5美元为诱饵，令两个侄子很快给予回信。这是因为他抓住了两个侄子的需求，并“对症下药”，才达到了自己的目的。

假如你要劝说某人去做某件事，不妨先想一想，对方需要的是什么。只有掌握对方的需求，才能知道怎样令对方完成这件事。

我每个季度都要租用纽约一家酒店里的大舞厅，用二十个晚上举行一系列的演讲。某一个季度之初，酒店突然通知我，租金要涨3倍。可是我在接到这个消息的时候，通告已经公布，入场券也已经印发。

我当然不愿意支付更多的租金，可是，把我的想法告诉酒店有什么用呢？他们只在乎自身的利益。

两天后，我去见酒店的经理。我对那位经理说：“我接到你的信后，感到有点震惊……当然我不会怪你，如果我们易地而处，我也会写出这封信。你身为饭店经理，职责就是如何为这家饭店创造利润。如果你做不到，就可能会被辞退。但是在涨价之前，我们不如先来分析一下你这样做的利弊。”

说完，我拿出一张信纸，在中间画下一道竖线，左右两栏分别写上“利”和“弊”。

在“利”下面，我写下“宴会厅空置”几个字，对经理说：“如果宴会厅空着，你就能把它租给别人开舞会或商务会议使用。这是一项很大的收入，比租给我们做演讲的收入多得多。如果我在这一季中占用了二十个晚上，你一定会失去这一部分收益。另外，由于我无法接受你的要求，支付更多的租金，不得已只能去别处举行演讲。这样一来，你将会失去我这一笔生意。

“我做的这些演讲可以吸引许多受过高等教育的人士来你的酒店，这对你而言可是一种非常好的广告。实际上，如果你付出5000美元的广告费，也不能吸引那么多来听我演讲的人。这对你们酒店而言，是不是更有价值呢？”

在与这位经理的谈话过程中，我没有说出任何关于我要减少租金的话，我只是说出了对方所需要的是什么，并且怎样才能得到它。

第二天，我接到那家酒店的一封信，告诉我租金只增加50%，而不是300%。

试想，如果我按照一般人的做法，闯进酒店经理的办公室，跟他理论。告诉他，我入场券已经印好，通知已经公布，突然增加3倍租金，我不能接受。在这种情形下，结果又会如何呢？即使我说的是对的，可以让这位饭店经理知道自己理亏，但他可能会因为自尊心而拒绝承认自己的错误。

亨利·福特曾说过："如果成功有秘诀的话，那就是站在对方立场来看待问题，能够同时兼顾自己和他人的立场。"虽然道理很简单，但大多数人却很难做到。人与人之间要建立良好关系，就应该学会从对方的立场去考虑问题，想一想对方的需求是什么。

为了养家糊口，成千上万的推销员都在辛劳地四处奔波，可是却入不敷出，每天愁容满面。为什么推销员会沦落至此？因为他们只想着自己的目的，而没有考虑客户是否需要。如果我们想要买某种东西，我们会出门买回来。倘若推销员所推销的东西确实是自己所需要的，那么即便他不喋喋不休地推销产品，顾客也会去购买。顾客比较在意的是，东西是因为自己需要才主动购买的，而不是因为你的推销才买。

事实上，很多人干了一辈子的销售工作，却不知道要站在顾客的角度看问题。举个例子来说吧，我住在纽约市中心的"森林山庄"社区。有一天，我正在赶往车站的时候，碰巧遇到一个经营房地产的代理人，他在长岛一带已经做了许多年的房地产销售工作了。他对我住的“森林山庄”社区很熟悉，所以我问他，我住的房子是用什么材料建造的。他说他不知道，然后却说了一些我已经知道的东西……他建议我去住宅区的房屋协会咨询一下。

第二天早晨，我收到了他的来信。我想难道他是要把我想知道的事告诉我吗？那也不需要写信，花一分钟的时间打个电话就行了。信中并没有提及我所想知道的答案，他只是告诉我自己打电话去咨询，他写信给我的真正目的，是为了让我把保险交给他打理。

他从头到尾都没有想过要如何帮助我，只是想要推销自己的产品。他的眼里自始至终都只有自己的利益。

欧文·扬曾经说过：“一个人若能设身处地地为他人着想，洞察他人的心理，他永远都不用担心自己的前途。”世界上充满了自私之人，只有内心善良、懂得为他人考虑的人，才能获得应得的利益。

在我的培训班上，有一位学员非常担心他的孩子会营养不良。因为这个叫约翰的孩子非常瘦，还不肯好好吃饭。孩子的父母用尽了各种方法教育他、责骂他，每天在他耳边唠叨：“妈妈想让你多吃点东西!”“爸爸希望你长得又高又壮!”

可是孩子听得进去这些话吗？他不会听这些，就像你不会去注意跟你毫不相关的一次盛宴一样。

稍微有点常识的人，都不会指望一个3岁的孩子能对30岁的父亲的规劝有什么积极反应。这位父亲后来也慢慢意识到这种期待非常荒谬，于是他便自己问自己："孩子想要的到底是什么？怎么才能既满足他的愿望，又能满足我的期望呢？"

当他开始这样想的时候，问题也就迎刃而解了。他的孩子有一辆三轮脚踏车，小家伙喜欢在屋前人行道上骑着这辆脚踏车玩耍。邻居家的大男孩经常欺负他，把他从脚踏车上拽下来，然后自己骑着玩。

他的儿子总是哭着跑回家向妈妈告状。妈妈会出门把那个坏小子从车上拽下来，再让自己的孩子坐上去，这种情况几乎每天都会发生。

他的孩子到底想要什么呢？这个问题并不深奥。他的自尊，他的愤怒，他求得自重感的欲望，这都是他性格中最强烈的情绪。这些情绪驱使着他想报复，想要一拳打扁那个坏小子的鼻子。

于是他父亲这样告诉他，只要他好好吃饭，就能很快长大，将来可以一拳打倒那个坏孩子。当他父亲向他作了这种保证之后，孩子果然不再挑食了！从那以后这孩子不再挑食了，菠菜、白菜、青花鱼都爱吃。他希望自己能快快长大，然后狠狠地揍一顿那个欺负他的男孩。

在吃饭问题解决之后，这位父亲又面临着另外一个问题：他的孩子有尿床的坏习惯。

小男孩和奶奶睡一张床。每天早上，奶奶醒来后都要查看床单，然后责备地说："你看，约翰，昨夜你又干了些什么？"

约翰总是这样回答：“不是我，我没有尿床，那是你干的。”

父母打他、骂他甚至羞辱他，让他不许再尿床，但这一切都无济于事。于是，他的父母就琢磨：如何让约翰这孩子改掉尿床的坏习惯呢？

约翰他所想要的是什么？第一，他要穿像父亲一样的睡衣，不愿意穿像奶奶那样的睡袍。奶奶早就受够了，所以她答应约翰，如果他改掉了尿床的坏习惯，她就给他买一套睡衣。第二，他想要一张属于他自己的床，奶奶对这件事也没有反对。

于是，他的母亲带着约翰去了布鲁克林的商场。她对售货员使个眼色，说：“这位‘先生’要买些东西。”

售货员用一种让他感到受尊重的语气问：“年轻人，你想买些什么呢？”

约翰踮起脚尖，努力站得更高，说：“我想给自己买张床。”

当约翰的母亲看中了一张床时，她又向售货员使了个眼色。售货员就向约翰介绍这张床有多么可爱、舒服。最后，小男孩就买了这张床。

床送到的当天晚上，父亲回家的时候，约翰跑到门口，大声地叫着说：“爸爸，爸爸，快上楼来看我自己买的床！”

父亲看到那张床，想起了查尔斯·施瓦布的话，由衷地夸赞了儿子。

他问道："约翰，你不会再把这张床尿湿了吧？"

约翰说："我不会再尿床了。"为了他的自尊心，孩子果然遵守了自己的诺言，约翰再也不尿床了。因为他的床是他自己买的。现在他穿着睡衣，就像个小大人一样，他真的做到了。

在与人交往的过程中，当你想要说服某个人的时候，要先学会站在对方的角度去考虑问题，把握对方心中最迫切的需求，激起对方强烈的欲望，令对方主动去做某件事。

第二章　如何让所有人都喜欢你

▼

第一节　真诚地关心他人，才能换来他人的关心

人与人相处，第一要素就是真诚。以诚待人是为人处世的一项基本原则。关心是相互的，只有真诚地去关心别人，才能换来别人的关心。

为什么现代社会越来越多的人喜欢养宠物狗呢？狗是唯一不需要为生活而工作的动物，母鸡要下蛋，奶牛要产奶，金丝雀要唱歌。而狗只需要向你示好，将它全部的爱给你。

在我5岁的时候，我父亲花了50美分，给我买了一只黄毛小狗，我给它取名叫迪贝。它给我的童年带来了许多欢乐。每天下午四点半左右，它就坐在庭院前，目不转睛地望着我回家的那条小路。当它听到我的声音，或看到我拎着饭盒穿过灌木丛时，它就像离弦的箭一样快速地跑到山坡上，欢快地跳着、叫着欢迎我。迪贝跟我做了五年的好

朋友……它会在我伤心难过的时候，小心翼翼地来到我的身旁陪伴我、安慰我。我永远无法忘记那个夜晚，它在离我仅有十尺远的地方，被雷电劈死了。迪贝的死，给我的童年蒙上了一层悲伤的阴影。

一条狗都能以真心换主人的真心，何况是人呢？如果一个人真的关心别人，那么他在两个月内所交到的朋友，要比一个只想让别人关心他的人，在两年内所交的朋友还要多。但人们往往只想获得别人的关心，而忽略了对别人的付出。这种方法当然是行不通的，因为人们真正关心的只有自己。

维也纳著名心理学家阿德勒在他的著作《自卑与超越》的书中写道："一个对他人漠不关心的人，生活必然会十分艰辛，也会对他人带来极大的伤害。人类走向没落，就是拜这些人所赐。"在生活中，一个人要想处理好人际关系，必须要用一颗真诚的心去关心他人。只有这样，才能获得好人缘。

霍华德·萨士顿是一位著名的魔术家。他在谈自己成功的秘诀时提到，他能获得成功，并不是因为自己有高人一筹的魔术知识，也不是因为他在魔术上有特殊的造诣。但是在他身上，有两点特质是别人不具备的。他能够在舞台上展现自己的魅力，有打动观众的独特风格。他的每一个动作、每一个说话的语调，都经过事先严格演练。他举止敏捷，反应灵活，每一个动作都分秒不差。除此之外，他对每一位观众都充满热诚，真正地关心观众的感受。每次他上台时，都会对自己说："我要感谢这些捧场的观众，是他们让我过上了舒适的生活。我要把最精彩的节目奉献给他们。"正是因为他始终保持着一颗真诚的心，才会更加努力地去表演，让所有观众看到最精彩的演出，最终自己也获得了成功。

西奥多·罗斯福总统是美国历史上最伟大的总统之一，他非常受美国民众的爱戴。连他的仆人们也都非常敬爱他。他的黑人侍从詹姆森·爱默森曾写过一本关于他的书，书名是《西奥多·罗斯福，我心目中的英雄》。在这本书里，爱默森提到了一件非常感人的故事：

有一次，我妻子无意中问总统美洲鹑鸟是什么样子的，因为她从来都没有见过这种鸟。罗斯福总统不厌其烦地向她详细地描述这种鸟。过了些天，我家里的电话响了，我的妻子接了电话，打电话的正是罗斯福总统本人。罗斯福总统在电话里告诉她，有一只鹑鸟正停在她的窗外，如果她朝窗外看去，就可以看到了。类似这样的小事情还有很多，罗斯福总统总是把我们这些人的小事记在心上。每次他路过我们家时，不管有没有看到我们，他都会大声地打招呼："嗨，安妮，你在家吗？""嗨，詹姆森。"他总是这样亲切地问候我们。

像这样平易近人的领导人，谁不喜欢？谁不爱戴呢？

我从自己的亲身经历中也已经发现，如果你真诚地关心他人，即使是美国知名的大人物，也会被你的真心打动，甚至愿意抽出宝贵时间与你合作。

数年前，我曾在布鲁克林艺术和科学研究院举办小说创作的课程，我们希望请当时的著名作家诺里斯、赫斯特、塔贝尔、休斯等人来我们班上，讲述他们写作的经验。于是我们给他们每人都写了一封信，说我们非常欣赏他们的作品，希望他们能抽出一些时间来我们班上授课，讲一些他们的写作经验和成功的秘诀。

寄出去的每封信上都有全班150名学生的签名。我们知道他们一定很忙，没有演讲的时间，所以我们在每封信里都附上了一份问卷，希望他们能回答这些与他们本人或是他们写作技巧相关的问题。他们十分喜欢这种高效的沟通方式，并且深受感动。这些作家都愿意赶来布鲁克林分享他们的写作经验。

我们运用同样的办法，还请到了老罗斯福总统任上的财政部长莱斯利·肖，塔夫脱总统任上的首席检察官乔治·威格沙尔以及其他许多名人来我的班上与学生交流。

无论你是屠夫、糕点师，还是宝座上的国王，所有人都喜欢被人尊敬。以德国皇帝为例，在第一次世界大战结束后，全世界的人都认为威廉二世是大战的罪魁祸首。他逃到荷兰后，连德国人民都对他恨之入骨，甚至有人扬言要将他碎尸万段。在民众的怒火难以抑制的环境中，有一个小男孩给德皇威廉二世写了一封简单诚恳、充满了诚挚和钦佩的信。德皇看了这封信后十分感动，就邀请这个小男孩去见他。这个小男孩在母亲的陪同下拜访了德皇威廉二世。后来，德皇威廉二世和孩子的母亲还因此结缘成了婚。这个小男孩根本不用学习为人处世之道，他的天性中本就具有这一切。

如果我们想交朋友，就应该先为别人做一些需要花费时间、精力、诚心和思考的事。只要我们真诚地关心别人，就能获得别人的尊重和关心。

这种哲学同样可以运用在商业上。查尔斯·华特在纽约市一家极具声誉的银行里工作，他被指派准备一份关于某家公司的机密文件。华特知道有家实业公司的董事长能够提供他所需要的资料。于是华特就去拜访这位董事长。当华特被引进董事长办公室时，一位年轻女子由门外探进头来，告诉这位董事长，今天没有邮票。

董事长向女郎点点头，然后向华特解释说："我正在为我的孩子收集邮票，他今年12岁了。"

华特坐下后说明了他的来意，并且提出他的问题。但是，这位董事长却始终含糊其辞，不情愿回答这些问题。华特用尽了各种办法，也无法引起他的兴趣并让他开口。这次谈话简短而枯燥，华特没有得到什么有用的信息。

后来，华特突然想起这位董事长说过的话，邮票、12岁的小孩……同时又想到，他们银行外汇兑换部常和世界各地通信，有不少平时少见的外国邮票，现在正好可以派上用场。

第二天下午，华特再次拜访这位董事长，同时请秘书传话进去，说他有很多邮票，特地带来送给董事长的儿子。董事长紧紧握住他的手，脸上满是喜悦的笑容，一边看邮票，一边说："我的乔琪一定喜欢这一张……嗯，这一张更好，非常少见。"

他们谈了半个小时的邮票，还看了董事长儿子的相片。随后，不用华特开口，董事长就主动提供了华特所需要的各项资料。说完自己所知道的情况后，董事长又把公司的职员叫来询问。紧接着，他还给几位朋友打电话询问。最后，他把那家公司所有的数据、报告、信件都给了华特，让华特满载而归。

在与人交往的过程中，我们要对他人表示关心，这种关心必须是真诚的。这样不仅能让付出关心的人得到相应的回报，得到关心的人也同样会有所收获。这是一条双向的大道，在这条道路上的当事人都会获得益处。

纳菲尔是费城一家燃油厂里的推销员，多年来他一直想为一家经营连锁百货商店的大公司供应燃油。可是这家公司却始终不买他的燃油，而是从其他地方进货，而且每次运货都经过纳菲尔的办公室门口。

纳菲尔为此大发牢骚，痛骂连锁商店对国家、社会是有害的。

尽管他嘴里这样骂，但内心仍有不甘。他在想，为什么自己劝不动那家公司买他的燃油呢？

为了帮助纳菲尔完成心愿，我劝他尝试另外一种不同的方法。我把班里的学员分成两组，要求大家就“连锁商店的发展对国家利大于弊还是弊大于利”这个主题，展开一次辩论会。按照我的建议，纳菲尔参加了正方，为连锁商店进行辩护。

在我的建议下，他去那家连锁商店寻求帮助。纳菲尔见到对方后，对他说：“我不是来卖燃料的，而是有一件事想请您帮个忙。”他把来意说明后，接着说：“因为在这个问题上，没有人比你懂得更多了，所以我才来向您请教。我很想在辩论会中获胜，希望您能为我提供一些相关的资料。”

纳菲尔描述了当时的情形：

“我请求那位负责人给我一分钟谈话的时间，他答应了我。在我说明来意后，他请我坐下聊。结果我们谈了一小时四十七分钟。他打电话给另外一家连锁商店的高管，据说这位高管曾经写过一本有关连锁百货公司的书。他还给全国连锁商店公会写信，帮我找来了不少有关这方面的辩论记录。

“在我告辞离开的时候，他亲自送我到门口，拍了拍我的肩膀，祝我在辩论会上获得胜利。最后他还对我说，开春的时候请你来找我一下，我想从你的公司订购一些燃油。

“由于我对他的态度十分真诚，并且我说的问题是他所关注的，因此这一个多小时的谈话让我得到了满意的结果。我终于明白，为什么我过去卖不出去燃油了，因为以前我只关心自己的利益，而现在我关心的是他所关心的问题。”

著名的罗马诗人普布里亚斯·塞勒斯曾经说过：“要想别人对我们产生兴趣，我们要先对别人产生兴趣。”所以，在现实生活中，如果你想要让他人喜欢你，就必须真诚地关心他人，先对他人产生兴趣。

▼

第二节　用微笑建立美好的第一印象

微笑是打开心灵的钥匙，在人际交往过程中，恰到好处的微笑往往能给人留下一个美好的印象。

在一次宴会上，其中有一位客人，她是一位曾经获得大笔遗产的女士。她为了让人们对她留下一个良好的印象，花了很多钱买了貂皮外衣、钻石和珍珠。可是她没有注意到自己脸上的表情。她的神情显得十分刻薄、自私。她不明白，其实男士们所欣赏的，是女士们表情中所表现出的那份气质、神态，而不是雍容华贵的打扮。

查尔斯·施瓦布曾经告诉我，他的微笑价值百万美元。他能够取得如此伟大的成就，完全得益于他的人格魅力。而他的人格魅力中，最令人着迷的，就是他那能够打动所有人的微笑。

行动胜于言论。不需要开口说话，脸上真诚的微笑已经替你说出“我喜欢你、你让我感到非常快乐、很高兴见到你”！而不真诚的微笑，只是“皮笑肉不笑”，是机械的、敷衍的，这种微笑往往令人厌恶。

美国最大的橡胶公司董事长曾经告诉我，据他观察，一个人的事业成功与否，完全在于他对这项事业是否感兴趣。他说：“很多人在创业时乐在其中，事业做得风生水起。但是，当他们对这项工作失去兴趣后，事业也注定会失败。”

如果你希望别人乐于与你相处，那么你首先要乐于与别人相处。

我曾经向上千个商界人士建议，让他们每天都对周围的人保持微笑，一星期之后，要在课堂上说出自己的心得体会。

纽约证券交易所的威廉·史丹哈德先生讲述了他的经历：

“我结婚18年了，这些年来，从我早上起床到离开家的这段时间内，我对妻子说的话很少，也很少对她微笑。因为要在课上讲述微笑产生的效果，我决定尝试一星期。早晨，我梳头的时候从镜子里看到自己那张绷得紧紧的脸，就对自己说：‘比尔，你今天必须把你那张凝结得像石膏像的脸松开来，你要学会微笑，就从现在开始吧。’在我坐下吃早餐的时候，我笑着对妻子说：‘亲爱的，早上好!’

“你曾提醒过我，她可能会被我的举动吓一跳，但你低估了她的反应强度。当时她非常吃惊，为我的变化不知所措。我告诉她，今后的每一天都可以看到我的笑容。从此之后，我每天都保持微笑，至今已经两个月了。我的家庭在这两个月里所得到的欢乐，比过去两年所得到的欢乐还要多。

“现在我去办公室，会对电梯员微微一笑，说：‘早上好！’去柜台兑换零钱时，我也会微笑着和服务员打招呼。在交易所大厅里时，我也会对那些素昧平生的人微笑。

“不久，我发现每个人见到我时，都向我回之以微笑。对于那些向我发牢骚的人，我也会和颜悦色地对待他。当我听到他们抱怨的时候，我会保持微笑，这使得问题更容易解决了。我发现，微笑给我带来了很多意想不到的收获。

“我和另外一个经纪人合用一间办公室。他的秘书是一个年轻的小伙子。我对自己最近的改变感到非常高兴，于是和这个年轻的小伙子分享了我近期学到的做人的哲学。这个年轻人刚来办公室的时候，认为我是一个脾气很坏的人。最近这一段时间，他对我的看法已经彻底改变了。他说，当我微笑的时候，让他感觉非常亲切！

“我现在也改掉了批评别人的习惯，只是称赞和鼓励别人，不再随便指责别人。我也不再只顾及自己的需要，而是尽量站在他人的立场来看待问题。这些做法，已经完全改变了我的生活。现在我已经变成一个跟过去完全不同的人了，我比过去更快乐、更充实了。”

史丹哈德先生因为坚持以微笑待人，最终获得了内心的快乐，也拥有了属于自己的宝贵财富。这就是微笑的好处。

心理学家、哲学家威廉·詹姆斯曾说：“行动是在感觉之后产生的，其实，行为与感觉是同步的。与情绪相比，个人意志对行为的影响更直接，只要调整行为，我们就能间接地调整情绪。因此，在我们不快乐的时候，得到快乐最快的途径就是愉快地聊天或做事，就像你已经得到了快乐一样……”林肯也说过：“大多数人所获得的快乐，跟他内心想要得到的快乐相差无几。”

在生活中，我们要始终保持一种正向的心理状态——勇敢、诚实和乐观。在你出门的时候，记得把下巴往里收，抬头挺胸，面带微笑，这样你的心情也会变得不一样。当你遇到朋友时，记得要跟朋友真诚地握手，这样你和朋友都会收获快乐。

弗兰克·弗奇奇在为科林公司所做的圣诞节广告中，这几句广告语令人受益匪浅：

笑容的意义

它无所损耗，却带给我们很多收获。

它使获得者蒙益，施予者也无损失。

它发生于刹那间，却给人留下了永恒的回忆。

它让富人感到匮乏，让穷人感到富足。

它给家庭带来快乐，在生意场上使人产生好感，又是朋友间的亲热问候。

它是疲惫者的休憩、沮丧者的良方、绝望者的黎明、悲戚者的阳光。

它无处可买、无处可求、无法去借、无法窃取，在你将它给别人之前，它对谁都没有用。

如果在圣诞节最后一分钟的忙碌中，我们的店员因过于疲惫，无法给你微笑时，能否请你留下你的微笑?

因为那些无力微笑的人更需要得到微笑。

▼

第三节　牢记他人姓名，能获得双倍好感

在人际交往过程中，记住别人的名字，是对别人的尊重。在陌生的环境中，如果能记得别人的名字，还能让对方对你产生好感。

1898年，纽约洛克雷村发生了一件令人悲伤的事情，有个小孩去世了。这一天，村里人都准备去参加丧礼。吉姆·法莱走进马厩，牵出自己的马。这时正值寒冬，地上积了一层厚厚的雪。那匹马已经在马厩里关了很多天了，当吉姆·法莱把它牵到水槽旁边时，它兴奋地把两条腿高高地抬了起来，吉姆·法莱不小心被马踢死了。因此，在那一周，洛克雷村举行了两次葬礼。

吉姆·法莱去世后，仅留给他妻子和三个孩子几百美元的保险金。

吉姆·法莱的长子小吉姆当时只有10岁，为了生计，他去了一家

砖厂工作。他每天把沙土倒入砖模，压成砖瓦，再拿去太阳下晒干。小吉姆没有机会接受正规教育，可是他具有爱尔兰人天生乐观的性格，人们都非常喜欢他，愿意跟他亲近。在他从政后，逐渐养成了记人姓名的能力。

小吉姆没有上过中学，但是在他46岁时，已经有四所大学赠予他荣誉学位。他还成为民主党全国委员会主席，兼任美国邮务总长。

有一次，我专程去拜访小吉姆先生，请他告诉我他成功的秘诀。他简短地告诉我："苦干！"我对他的回答感到不满意，摇摇头说："别开玩笑了。"

他问我："你认为我成功的原因是什么呢?"

"我知道你能叫出一万个人的名字来。"我这样说。

"不，你错了！"小吉姆对我说，"我大约可以叫出五万个人的名字。"

千万不要小看这种能力，正是因为拥有这种能力，才使小吉姆帮助富兰克林·罗斯福入主白宫，当上美国总统。

当小吉姆做推销员和担任洛克雷村的公务员时，他总结出了一套方法，用来记住所有接触到的人的名字。

小吉姆的这套方法并不困难。他每遇到一个新朋友时，就问清楚对方的姓名、家里有几口人、他的职业情况、他的政治观点，并在脑海里记下这些细节。下次再遇见这个人时，即使已经隔了一年多的时间，他还能拍拍这个人的肩膀，问候他的妻子和孩子，甚至还可以谈谈他家后院的花草。

在富兰克林·罗斯福开始竞选总统的前几个月，小吉姆一天要写数百封信给美国西部、西北部各州的熟人、朋友。然后，他搭乘火车，在19天的旅途中，走了12000公里，足迹遍布美国20个州。他除了乘坐火车外，还用了轻便马车、汽车、轮船等其他交通工具。小吉姆每到一个城镇，都会和熟人小聚一番，吃顿饭或喝杯茶，做一次诚恳的谈话，接着再赶往下一个目的地。

当他回到东部时，立即给他所到过的每个城镇的朋友写了一封信，请他们把曾经与他谈过话的客人的名单寄给他。名单上的人不计其数，但名单上的所有人都收到了小吉姆的私人信函。

小吉姆知道，把一个人的姓名记住，并能很自然地叫出来，对这个人而言已经是一种巧妙而有效的恭维了。相反，若你把那个人的姓名忘记或是叫错了，不仅会令对方十分难堪，对你自己也是一种很大的损害。

你知道安德鲁·卡耐基是如何成功的吗？他被称作“钢铁大王”，可是他对钢铁制造懂得并不多。而上千名为他工作的人，每个人都比他懂得多。但是安德鲁·卡耐基深谙人性，这就是他成功的关键。

在安德鲁·卡耐基小的时候，就已经显露出超强的组织本领和领导才能。当他10岁的时候，就发现人们对自己的姓名非常重视，于是他开始对这一点加以利用。有一天，他抓到了一只母兔，母兔很快生下了一窝小兔子。可是，他找不到可以喂小兔子吃的东西。于是他想出一个聪明的主意：他跟邻近的那些小孩子说，如果谁去采集小兔子吃的东西，这只小兔子就用谁的名字来取名。果然，小孩子们都纷纷为小兔子带来了食物。安德鲁·卡耐基的这个方法十分奏效，这令他深切体会到人们对名字的重视。

多年后，他利用同样的技巧，在生意上取得了巨大的成功。当时他正想将钢轨出售给宾夕法尼亚铁路局，汤姆生是这家铁路局的局长。安德鲁·卡耐基就在匹兹堡建造了一座大型钢铁厂，命名为“汤姆生钢铁厂”。

有一次，当安德鲁·卡耐基和乔治·普尔曼竞争铁路车厢业务时，又想起了儿时小兔子教给他的道理。

当时，安德鲁·卡耐基掌管的中央运输公司和普尔曼经营的公司都想争取到太平洋铁路的车厢业务。双方互相排挤，接连降价，几乎在以零利润竞争。太平洋铁路局的董事会决定同时约见卡耐基和普尔曼。那天晚上，卡耐基在圣尼古拉斯酒店遇到了普尔曼，他对普尔曼说：“晚上好，普尔曼先生，我们是不是把自己变成了傻子？”普尔曼问："你这是什么意思？"于是卡耐基就表达了自己的见解，他希望双方的公司合并起来，这样可以获得更大的利益。普尔曼虽然仔细听着，却没有完全同意，最后他问："你想让这家新公司叫什么名字？"卡耐基立即回答道："当然叫普尔曼豪华车厢公司了。"普尔曼那张绷得紧紧的脸，顿时松了下来，他说："卡耐基先生，到我房间里来吧，我们仔细谈一谈！"正是这次谈话改写了美国钢铁工业史。

安德鲁·卡耐基拥有超强的记忆力，牢记所有朋友和生意伙伴的名字以示尊敬的策略，是他领导力的秘诀之一。

每个人都为自己的名字感到骄傲，他们努力让自己名垂青史，为此付出任何代价都在所不惜。就连心狠手辣的马戏团老板巴纳姆也是如此，他没有儿子传宗接代，继承他的姓氏。于是，他出价2.5万美元让他的外孙改名为"西利·巴纳姆"。

很多人记不住别人的名字，是因为他们不肯花时间和精力专注于此。他们总是以忙碌为借口，但是他们总不会比富兰克林·罗斯福更忙吧。即使是只有一面之缘的汽车修理工，罗斯福都能叫出他的名字。

克莱斯勒汽车公司给罗斯福先生定制了一辆专车。张伯伦和一位汽车修理工把这辆车送进了白宫。张伯伦给我写了一封信，信中讲了他当时的经历：

"我教会了罗斯福总统驾驶这辆有很多特殊装置的车，而他却教会了我待人处世之道。

“当我被召到白宫的时候，总统非常高兴，他直呼我的名字，让我也感到非常开心。令我印象尤其深刻的是，在我介绍这辆汽车的每一个细节时，他听得非常投入。这辆车经过特殊设计，可以完全用手来操作。一群人围在汽车的四周观看，罗斯福总统说：‘这辆车本身就是一个奇迹，只要一个按钮，就可以毫不费力地驾驶它。它设计得实在是太好了，我不太清楚其中的原理，真希望有机会能拆开看看它的构造。’

“当罗斯福的朋友们和白宫的官员们欣赏这辆车时，他当众说：‘张伯伦先生，非常感谢，你为了设计这辆车花费了大量的时间、精力，这是一件非常完美的作品。’他对散热器、照明灯、椅垫的式样、驾驶座的位置、车厢里标有他姓名缩写字母的特制衣箱等，都大加赞赏。他注意到了每个微小的细节，他对我付出的心血都给予了赞赏。他还特意把这些设备指给罗斯福夫人、劳工部长和他的女秘书波金斯看，还对旁边的黑人司机说：‘乔治，你可要好好珍惜这些特制的箱子啊。’

“试驾结束后，总统转向我说：‘好了，张伯伦先生，我已经让联邦储备委员会等了30分钟了，我该回去工作了。’

“我去白宫的时候带了一位汽车修理工，我把他介绍给罗斯福总统。他没有和总统谈话，罗斯福总统只听到一次他的名字。这位汽车修理工是个害羞的年轻人，一直躲在后面。在我们要离开时，总统从人群中找到这位汽车修理工，跟他握手，并且很自然地叫出了他的名字，感谢他来华盛顿。总统对这位汽车修理工的感谢绝非做作，而是真诚的，我可以感觉到。

“回到纽约后不久，我收到了罗斯福总统亲笔签名的相片和一封感谢函，再次对我表示感谢。作为一个国家的总统，他是如何抽出时间来做这种小事的，这让我感到难以理解。”

罗斯福总统懂得一个最简单、最明显、最重要的获得别人好感的方法，那就是记住对方的姓名，让别人感到自己很重要。政治家的第一课就是“记住选民的姓名”。在个人事业和商业交往上，记住姓名的能力同在政治领域中一样重要。

法国皇帝拿破仑三世，也就是伟大的拿破仑皇帝的侄子，他曾经得意地说，虽然他国事繁忙，可是他能记住他所见过的每一个人的姓名。他的方法是什么呢？非常简单。如果他没有听清楚对方的姓名，他就会说：“对不起，我没有听清楚你的名字。”如果是个不常见的姓名，他就会问：“对不起，请问怎么拼写？”他在与人交谈的时候，会不厌其烦地数次提起对方的姓名，并在脑海里把这个人的姓名和他的长相、表情、外形连起来。如果对方是个大人物，他就会在独自一人的时候，把这个人的姓名写在纸上，专注地默诵，并牢牢记在脑子里，然后把纸撕掉。通过眼睛和耳朵，他把这个人的名字牢牢地记在脑海中。

虽然这些方法都很费时间，但爱默生说过："礼貌，是由小的牺牲组成的。"只有用心对待每一个人，记住他们的名字，让他们感受到尊重和重视，才能获得别人的好感。

所以，如果你要让别人喜欢你，请你一定要牢记别人的姓名。

▼

第四节　学会倾听，鼓励别人多说话

倾听，是一种了解别人的方式，更是一种与人交往的智慧。善于倾听，不但是搞好人际关系的关键，也是你增加好人缘的关键。交流中的一半是在用心倾听对方的谈话，不管你有多好的口才、你讲的话有多精彩，你要是不注意听别人说话，你就无法感染别人。

最近，我应邀参加了一次桥牌聚会。但事实上，我并不会玩桥牌。刚巧，另外有一位漂亮的小姐也不会玩桥牌。我在洛威尔·托马斯先生从事无线电事业前，曾担任过他的私人助理。当她听说我为了帮助托马斯准备演讲而游遍欧洲的时候，高兴地对我说："卡耐基先生，我真想知道你都去过哪些名胜，看到过何种美景。"

当我们在旁边的沙发坐下后，她接着提到，最近她跟她丈夫去了一次非洲。“非洲，”我说，“那可是一个非常有趣的地方。我总想去非洲看看，可是除了在阿尔及利亚停留过24小时以外，就没有去过非洲其他地方。你有没有去过野兽出没的地区？是吗？那你可是太幸运了，我真羡慕你。你能跟我详细地说说吗?”那次谈话，我们足足聊了45分钟。她不再问我到过什么地方，看见过什么东西，也不再谈论我的旅行。她所需要的，是一个专心的倾听者，慰藉她心中的“自我”。

其实，很多人都像她一样，需要有人来聆听自己的内心。

最近，我在纽约出版商格利伯的宴会上，遇到一位著名的植物学家。以前我从没有接触过植物学家，我觉得他说话很有魅力。整个晚上，我都坐在椅子上静静地听他讲那些奇异的植物，讲培植新品植物和发展室内花园的试验。后来我谈到我自己有个小型的室内花园，请他给一些建议，他非常热情地解答了我的问题。

这次宴会中，还有十几位客人，可是我忽视了其他所有人，与这位植物学家聊了好几个小时。到了深夜，我向众人告辞，这位植物学家在主人面前对我大加赞扬，说我是一个极富激励性的人，还说我是最风趣、最健谈的人。

事实上，我在与植物学家交谈的过程中，几乎没有说话。我只是静静地用心听他讲，我确实对他所讲的内容产生了兴趣，他也感觉到了，所以自然十分高兴。

聆听，是我们对别人的一种尊敬。善于倾听，并且善于鼓励对方谈话，对人际交往有着积极作用。

商业会谈的成功秘诀是什么？就是要专心地倾听对方讲话。

很多商人租用豪华的店面，降低进货成本，陈设新款漂亮的橱窗，花巨额费用做广告，雇用的店员却不愿意倾听顾客讲话。有些店员喜欢打断顾客的话、反驳顾客、激怒顾客，似乎要把顾客赶出大门才甘心！

沃尔顿在新泽西州纽瓦克市的一家百货公司里买了一套西服，这套西服实在令人太失望了，上衣会褪色，还把衬衫的领子染黑了。沃尔顿先生把这套衣服拿回百货公司，并找到那个卖给他西服的售货员，告诉他事情的经过。但他在述说的过程中，店员一直打断他的话，并进行反驳，说："这种衣服，我们已经卖出去几千套了，这是第一次有人来挑刺。"

正在激烈争论之时，另外一个店员插嘴进来，说："所有黑色的衣服，起初都会褪色的，这是无法避免的。这种价格的衣服都会褪色，这是颜料的问题！"

沃尔顿先生被两个店员彻底激怒了，他认为第一个店员是怀疑他的诚实，第二个店员在暗示他买的是次等货。他正要怒骂他们时，那家百货公司的负责人走了过来。这位负责人的处理方式让沃尔顿的态度完全改变了，他让沃尔顿从一个恼怒的顾客变成了一个满意的顾客。

他是如何做到的呢？他的处理方式有三个步骤：

第一，他让沃尔顿从头到尾，说出事情的经过，他则静静听着，没有插一句话。

第二，当沃尔顿讲完事情经过后，那两个店员又来争辩，可是那位负责人却站在沃尔顿的角度跟他们辩论，坚持表示这种不能使客人满意的衣服是不应该卖出去的。

第三，他承认自己不知道这套西服会这样差，而且坦诚地对沃尔顿说："你认为我应该如何处理这套衣服，你尽管吩咐，我可以完全依照你的意思来进行处理。"

沃尔顿听完那位负责人的话后，情绪稍微有了好转，不再动怒，回答说："我可以接受你的建议，我只是想知道，褪色是否是暂时的。或者你们有什么办法，可以让这套衣服不再继续褪色？"那位负责人建议沃尔顿把衣服带回去再穿一星期，看看情形如何，如果到时仍然不满意的话，可以再来换一套满意的，并表示非常抱歉。过了一星期后，那套衣服果然再没有发现任何问题，沃尔顿对那家百货公司的信心就恢复了。

这位百货公司的负责人就是善于倾听顾客的想法，并愿意站在顾客的角度考虑问题，最终让事情得到了完美解决。

若干年前的一个早晨，有一位愤怒的顾客，闯进了达特曼毛呢公司创办人达特曼的办公室里。

达特曼先生对我解释说：“这位顾客欠我们15美元，虽然他不肯承认，可是我们知道错的人是他。所以我们信用部坚持要他付款，他接到我们信用部几封信后，匆忙赶到芝加哥来到我的办公室，告诉我他不但不会付那笔钱，还表示我们公司以后别想再跟他做生意。

“我耐着性子静静地听他说，有好几次，我忍不住气，想要跟他争论，中止他所讲的那些话，可是我知道那不是最好的办法。于是，我尽量让他发泄。最后，他的这股气焰似乎已经慢慢平息下去了，我才平和地对他说：‘我非常感激你特地来芝加哥告诉我这件事。事实上，你已经为我做了一件非常有意义的事……如果我们公司信用部得罪了你，相信他们也会得罪别人，那情形就不堪设想了。’

“他绝对不会想到，我会讲出那些话来，可能他感到有些失望。他来芝加哥的目的原本是来跟我交涉的，可是却没想到我会感谢他，并不跟他争论。我心平气和地告诉他，我们会取消账目中那笔15美元的账款，同时把这件事忘掉。我向他表示，他是个细心的人，需要处理的只是一份账目，可是我们公司职员，却要处理成千上万份的账目，所以他可能不容易弄错。我还对他说，我很了解他的处境，如果我遇到与他同样的问题，也会有他这样的想法。由于他表示不再买我们公司的货物了，我便诚心推荐了其他几家毛呢公司给他。

“以前他来芝加哥时，我们经常一起吃午餐，所以那天我也请他吃饭，他勉强答应了。回到办公室后，他订了比过去还要多的货物，而且怀着平静的心情回家去了。

“这位顾客回去后又仔细地查看了他的账目，原来是他自己误会了。于是他把那笔15美元的账款寄了过来，还附了一封道歉信。

“后来他妻子生了个男孩，他就用了我们公司的名字，给他儿子取名‘达特曼’。他成了我们公司最忠实的顾客，也和我成了很好的朋友。”

因为达特曼先生的耐心倾听和诚心接待，让愤怒的顾客转变了态度，最终使他获得了更大的收获。

多年前，有个荷兰籍的小男孩，在学校下课后，替一家面包店擦窗户，每星期赚50美分。他家里非常贫苦，所以他经常提着篮子，去路边捡从煤车上掉下来的煤块。这孩子叫爱德华·巴克，一生只上过不到6年学，可是他后来却成为美国新闻界最成功的杂志编辑之一。

他是怎么做到的呢?

爱德华·巴克13岁离开学校，在西联电报公司做杂役，但他从没有放弃学习的念头。他无法去学校读书，就自己学习。他平时不坐车，也不吃午饭，用省下来的钱买了一部《美国名人大百科》。他认真阅读每个人的传记，然后写信给传记上的每一位名人，请求他们多告诉他一些关于他们童年时的故事。他是一个善于倾听的人，他希望这些名人多谈谈他们自己。

他写信给当时正在竞选总统的詹姆斯·加菲将军，在信上问他是否真的在运河上做过小纤夫。詹姆斯接到那封信后，给他写了一封详细的回信。巴克又写信给格兰特将军，询问他某一次战役的有关情况。格兰特将军在回信中，画了一张详细的地图，还邀请这个14岁的小男孩吃饭，他们谈了一个通宵。巴克写信给爱默生，希望爱默生说些有关他自己的事。不久后，这个西联公司的小勤杂工给全国的顶级名人写了信，像爱默生、霍姆斯、朗费罗、林肯夫人、谢尔曼将军，还有杰弗逊·戴维斯。爱德华·巴克不仅和他们通信，而且会利用放假的时间去拜访他们，很多人都非常欢迎他去做客。巴克的这些经历，为他带来了自信心。这些名人激发了他的理想和意志，改变了他的人生。

爱德华·巴克所有的成就，都源于他善于倾听的本质。

在美国内战最激烈的时候，林肯给伊利诺伊州斯普林菲尔德镇的一位老朋友写了封信，请他来华盛顿，说是有些问题需要跟他讨论。这位老朋友到了白宫后，林肯跟他谈了数小时关于解放黑奴的问题，林肯把赞成和反对这项措施的各种观点都加以研讨，然后认真地看了些信件和报纸上的文章，其中有的谴责他不解决黑奴问题，也有的谴责他解放黑奴。在谈了几小时之后，林肯和他的这位老朋友握手道别，送他回伊利诺伊州。

林肯并没有征求这位老朋友的意见，所有的话都是他自己说的，而他说出这番话后，心里似乎舒畅了许多。其实，林肯并不需要老朋友的建议，他只是需要眼前有一个能倾听他讲话的人，借以发泄他心里的苦闷。任何人在苦闷、困难的时候，都需要有一个这样的倾听者。

事实证明，想要成为一个受人欢迎的人，就应该学会倾听，多问别人所喜欢回答的问题，鼓励他们多谈谈自己的事情和人生成就。

▼

第五节　谈论对方感兴趣的话题

在人际交往过程中，想要获得对方的信任，就要学会了解和掌握对方的喜好，在交流的过程中，尽量去谈论对方感兴趣的话题。这样不仅能聊得愉快，还会加深对方对你的印象和好感。

每一个去牡蛎湾拜访过罗斯福的人，都会对他渊博的学识感到十分惊奇。研究罗斯福的权威作家伯莱特福曾经这样说过："无论是牛仔还是骑士，纽约政客还是外交家，罗斯福都知道应该跟他们说些什么。"他是怎么做到的呢？答案很简单。因为在接见来访的客人之前，罗斯福已经充分掌握了这位客人的喜好，知道对方感兴趣的事情有哪些。罗斯福知道，深入了解对方内心的最佳途径，就是和对方讲他所熟知的事物。

耶鲁大学文学院教授、散文作家菲尔普斯，很小的时候就懂得了这个道理。他在《论人性》一文中说："在我8岁的时候，有个周末，我去姑妈家度假。那天晚上，有位中年人也去我姑妈家做客，和姑妈寒暄过后，他注意到了我。那时我对帆船非常感兴趣，当这位客人谈论这个话题时，似乎也很感兴趣，我们聊得非常投机。他走后，我对姑妈说，这个人真棒，他对帆船也非常感兴趣。姑妈告诉我，这位客人是一位律师，他对帆船一点兴趣也没有。我问：'那他为什么一直跟我聊帆船的事呢？'姑妈对我说：'他是一位有修养的绅士，他知道你喜欢帆船，所以才聊你感兴趣的话题。'"菲尔普斯教授说："我永远都不会忘记姑妈所讲的那些话。"

当我在写这一个章节时，我的面前放着一封信，那是热心童子军工作的查立夫先生寄来的。查立夫在信上说：

欧洲将要举办一次童子军夏令营的活动，我感到我需要别人的帮助。我想邀请美国一家大公司来赞助我和一位童子军的旅费。在我去拜访这位大老板之前，我恰好听说他曾经开出过一张100万美元的支票，随后又把那张支票作废了。后来，他又命人把支票装入镜框裱了起来作为纪念。于是，我走进大老板办公室的第一件事，就是请求他让我欣赏一下那张支票。我告诉他，我从未见过这么大金额的支票，我要跟我那些童子军讲一讲，我亲眼见到这张支票了。他很高兴地把那张支票取出来给我看，我赞叹了一番，同时请他给我讲讲签这张支票的缘由。

那位老板随后问我找他有什么事，我便说明了我的来意。出乎意料的是，他不但立即答应了我的请求，还给了我更多的资助。我原本只是希望他能赞助一个童子军去欧洲，没想到他竟然愿意资助五个人去欧洲，而且连我自己也在受邀之内。他还签了一张1000美元的支票，让我们在欧洲玩几个星期。他还给我写了几封介绍信，吩咐欧洲各地分公司的经理，请他们妥善地照顾我们。

后来，他亲自来到巴黎接待了我们，带领我们游览全市。最后，他还为几个家境贫寒的孩子介绍了工作。

直到现在，这位大老板还在尽其所能地资助我的童子军团体。

在查立夫去找这位大老板的时候，只字未提自己的来意，而是和对方简单地聊了一些对方最感兴趣的事情，先使他高兴起来，这样就能顺利地和他谈论自己的来意。事实证明，查立夫运用的这招“谈论对方感兴趣的话题”十分奏效，使他获得了意想不到的收获。

其实，在商场上，这种方法也是可行的。

在纽约，一家高级面包公司的经理杜弗诺先生，希望把自己公司的面包卖给一家大酒店。四年来，他一直在打这个主意，几乎每星期他都去找那家酒店的经理。杜弗诺为了争取和这位经理见面的机会，经常参加酒店经理举办的各种社交聚会，他甚至还在这家酒店租了一个房间。尽管他如此努力，最终还是失败了。

后来，杜弗诺特意研究了人际关系学，才知道应该改变策略，只有找出这位酒店经理最感兴趣的事，才能打开局面。

哪方面的事情会引起酒店经理的兴趣呢？杜弗诺发现，原来酒店经理是美国酒店高管协会的会员，由于他非常热心地推进协会的发展，所以被推举为协会的会长。后来，他又被选为国际协会的会长。无论协会的活动在哪里举办，他都会参加会议。由此可见，酒店经理对酒店协会的事情兴趣十足。

于是，杜弗诺再次见到酒店经理的时候，就问他关于协会的事情，果然得到了极好的反应。酒店经理跟他聊了半小时关于协会的事情。他在说话的时候神采飞扬，很明显能看出他不仅把这个协会当作兴趣，更把毕生的激情都倾注其中。这次的谈话令酒店经理对杜弗诺的态度有了很大的改观，在他们谈话结束后，酒店经理还主动邀请杜弗诺加入他们的协会，杜弗诺也欣然同意了。

当时，杜弗诺并没有提到有关面包的事情。但过了几天之后，酒店里的管事就给他打了电话，要他把面包的价目和样品送过去。杜弗诺再次走进这家酒店，管事过来招呼道："我不知道你对这老伙计做了什么，但你真的是搔到他的痒处了。"杜弗诺回答说："你该替我想一想。我为了做成这单生意，在他身上可是足足花了四年的时间。若不是我煞费苦心找到他的兴趣所在，知道他所喜欢的是什么，那还不知道要花费多长时间才能成功呢！”

杜弗诺在生意场上，就是运用了“谈论对方感兴趣的话题”这个谈话技巧，才促成了他的交易。

马里兰州的爱德华·哈里曼在退伍后搬到了美丽的坎伯兰谷定居。不幸的是，当时那个地区的工作岗位比较少。哈里曼先生做了一些调查，发现当地很多公司都是冯克豪瑟名下的，他是当地一位性格怪异的商业奇才。哈里曼先生对冯克豪瑟白手起家的故事很感兴趣。但是，冯克豪瑟从来不接见求职者。哈里曼先生这样描述他的经历：

“我跟好几个人打听过，发现冯克豪瑟的兴趣只有钱和权。他的秘书作风强硬又恪尽职守，拦下了很多像我这样的来访者。于是我又研究了她的兴趣和职责，她已经为冯克豪瑟先生工作了15年。我去拜访她的时候，直接告诉她，我有个建议能为冯克豪瑟先生带来财务上和政治上的成功，想和他当面探讨。她果然非常感兴趣，我还和她聊了一些她对冯克豪瑟商业帝国的贡献。聊了一会儿后，她安排我去见冯克豪瑟先生。

“我走进他豪华的办公室，心中暗想绝对不能直接要工作机会。冯克豪瑟先生坐在一张雕花的大桌子后面，大声问我：‘有什么事情吗，年轻人？’我说：‘冯克豪瑟先生，我相信我可以为你赚钱。’他立刻抬高了头，请我坐在一张有软垫的大椅子上。我详述了自己的想法和要实现这些想法需要的条件，以及这些想法将如何促进他个人以及他的集团的成功。

“冯克豪瑟先生立即雇用了我，我在他的公司工作了20多年，我在他的商业帝国中成长，他的商业帝国也因我而日益壮大。”

谈论对方感兴趣的话题，能给双方都带来好处。霍华德·赫兹格是员工沟通方面的领军人物，他始终遵循着这个原则。当有人问他这样做有什么好处时，赫兹格先生回答说，他不仅能从每个人那里得到不同的启发，更重要的是，这种沟通让他的生活更加丰富了。

▼

第六节　让对方感到他很重要

生活中，每个人都希望自己能够获得别人的尊重和重视。在与他人交往的过程中，只要能把握住“让对方感到自己很重要”这个规则，就很容易博得别人的好感和信任。

我在纽约的三十三号街第八大道的邮局里排队，等着寄一封挂号信，我发现柜台里的那位工作人员对他的工作显得十分不耐烦：称出重量、递出邮票、找给零钱、分发收据……这样单调的工作，他需要年复一年地做下去。

看到这位工作人员如此苦恼，我很想帮帮他，或许我称赞他某些优点的话，他会感到舒心一点。我观察到他有一头乌黑的头发，看起来很精神，这一定是值得称赞的事情。

于是，当这位工作人员称我的信时，我很热忱地说：“我真希望能有你这样的一头好头发，看起来真精神！”他把头抬了起来，我看到他的神情从惊讶慢慢转变成微笑。可以看出，他听到我的称赞后心情变得很好。他很客气地说：“已经没有以前那么好了！”我很明确地告诉他：“或许没有了过去的光泽，不过现在看来，依然很美观。”他非常高兴，和我愉快地交谈了几句，最后对我说：“许多人都称赞过我的头发。”

我猜想，那位工作人员中午下班去吃午饭的时候，愉快的脚步可能就像腾云驾雾般轻松，甚至晚上回到家里还会跟太太提到这事，有可能还会自己对着镜子夸赞自己：“嗯，我的头发确实不错。”

我只是对这位邮局工作人员说了一句简单的称赞话语，让他看到了自己独特的优点，却给他的心情带来了如此美好的变化。

或许有人会问：“你这样称赞别人，是否想从那个人身上得到些什么好处呢？”其实，我并没有想过要得到任何好处。如果是那样，那就太虚伪和自私了。如果抱着不从别人身上得到些什么，就不愿意分享快乐给别人的想法去与人交往，那就显得自己的气量太小了。这样气量小的人无论做任何事，都是注定要失败的。成大器者，必有大气量！

可见，善于发现别人的优点，让对方感到自己值得称赞，是很容易引起对方好感的。这在社交过程中，也可以巧妙地运用起来。

人们的行为都会遵循一定的法则。如果我们遵循这一法则，就会给我们带来很多朋友、很多欢乐，就不会遇到麻烦；相反，如果我们违反了这一法则，困难就会接踵而至。这条法则就是“永远要让别人感觉他很重要”。

著名的哲学家杜威教授曾说过：“自重的欲望，是人们天性中最急切的需求。”哈佛大学的心理学家詹姆斯也说：“人们天性的至深本质，是渴求为人所重视。”其实，人与动物之间的相异之处，就在于人有自重感，人类的文化发展也是由此而产生的。

哲学家们对于人际关系的原理思考了数千年，而所有这些思考，可以归结为一个重要的训诫。3000多年前，琐罗亚斯德用这条法则教导他的门徒；2000多年前，孔子在东方写下这条哲理；道教始祖老子也在函谷关就此对门生传道；公元前500年，释迦牟尼用这条法则教诲众生；而耶稣则把这条法则总结成了一个思想，就是“你希望别人如何对待你，你就该怎样去对待别人”。

每个人都希望自己周边的人认同自己，你想要别人承认你的价值，你希望能在自己的小世界里感觉自己很重要。谁都不喜欢听别人廉价虚伪的阿谀奉承，谁都希望自己听到的是他人发自内心的、真诚的赞赏。

所以，让我们一起去遵守这条金科玉律：希望别人怎样对待我们，我们就怎么去对待别人。这是在任何时间、任何地点都能做到的事情。

有一次，我去无线电城询问处打听苏文的办公室号码，碰到了一位穿着整洁制服的询问员，他似乎认为自己的穿着显得很高贵。他很清晰地回答道："亨利·苏文（顿了顿），18楼（顿了顿），1816室。"我走向电梯，想了想，接着又走了回来，向询问员说："你回答问题的语气很独特，既清楚又恰当。你像是一个艺术家，实在不简单。"他听完我的话后，把领带略微往上拉高了些，脸上瞬间露出了喜悦的神色，并告诉我为什么要在答话时停顿一下，为什么每句话的几个字要用那样的语气说。

我觉得我对人们的称赞使他们的快乐又增加了一些，我感到很满足。我愿意用一句简单的称赞来换取对方的快乐。

在生活中，当我们与人交谈时，不妨多说一些客气话，像"对不起""麻烦你""请你""你会介意吗""谢谢你"这种简短的话语，不仅可以减少与他人的摩擦和纠纷，同时也能展现出自己高贵的品质和人格魅力。

美国著名小说家霍尔·凯恩是铁匠的儿子。虽然他只上过8年学，可是当他去世时，却是世界上最富有的文人。

霍尔·凯恩喜欢诗词，他读完了罗塞蒂所有的诗，甚至他还写了一篇演讲稿，歌颂罗塞蒂的艺术成就，并且还给罗塞蒂送去了一份。罗塞蒂很高兴，他认为一个年轻人能对他的才学有这样高超的见解，一定很聪明。于是，罗塞蒂就请这个铁匠的儿子来伦敦，当他的私人秘书。

霍尔·凯恩一生的转折点，就是在这个时候。他在这个新的职位上，见到了许多当代的大文豪。在他们的指导和鼓励下，他才顺利地开始他的写作生涯，最终享誉世界。他的故乡在格利巴堡，现在已经是旅游的圣地。他留下了数百万美元的遗产，可是谁会知道，如果没有写那篇赞赏著名诗人的演讲稿，他很有可能会默默无闻，最终因贫困而去世。

这就是真诚，一股出自内心的赞赏的力量。罗塞蒂自视甚高，这并不奇怪，几乎每个人都觉得自己很重要。

在我的演讲班里，有一位学员因为运用了这条原理，而取得了惊人的效果。他是纽约的一位园林设计家，叫麦克马洪。他分享了下面这个故事：

“在我听完‘如何交友和影响他人’的讲座后不久，我受一位著名的法官的邀请，为他设计园景。这位法官接待了我，并提出他的建议，在什么地方应该栽种些什么花。

“我对他说：‘法官，你有很好的业余爱好，你那几条狗都很可爱，

我听说你曾得过很多次赛狗会中的蓝丝带优等奖。’

“‘我这句话果然出现了效果，那位法官说：‘是的，我对于养狗很感兴趣，你要不要参观一下我的狗舍？’

“他花了差不多一个小时的时间，带我去看他的狗和它们赢得的许多奖状。他拿出那些狗的血统谱系，告诉我每条狗的血统。由于血统的优越，他养的狗都很活泼、可爱。

“最后他问我：‘你家有没有小孩？’

“我告诉他：‘有啊，我有个儿子。’

“他接着问我：‘你家孩子会不会喜欢小狗？’

“我说：‘嗯，他一定会高兴得合不拢嘴的。’

“法官点头说：‘那太好了，我送他一只。’

“然后他告诉我如何养小狗，然后他顿了顿说：‘我这样告诉你，你很快就会忘了，我给你写下来吧。’法官走进屋里，把他要送我的那头小狗的血统谱系和喂养方法，用打字机很清楚地打了出来，送给我一只价值数百美元的小狗。他花费了一小时十五分钟的宝贵时间来跟我聊天。这主要是因为我对他的爱好和成就表示了真挚的赞赏。”

麦克马洪在与法官交流的过程中，运用了“真诚地赞赏他人，让对方感到自己很重要”这条法则，令这位法官对他产生了好感，并愿意与之交谈。

生活中，我们同样可以灵活运用这条法则，来帮助我们获得更多的朋友和欢乐。不妨就从你的家庭和工作中开始吧！你有多久没有赞美过你的亲人了？又有多久没有称赞过你身边优秀的同事了？或许你的一句称赞就能让对方收获快乐，同时也让自己收获快乐，甚至收获更多。

所以，如果你想要让别人喜欢你，请牢记这项原则：真诚地赞赏他人，让对方感到自己很重要。

沟通篇

第三章　如何让所有人都赞同你

▼

第一节 争辩中获胜的唯一方法是避免争辩

如果一个人总喜欢不分场合地与人争辩，那么这个人无论在哪里都很难受到别人的喜欢。这是我在第一次世界大战结束后，在伦敦得到的一个珍贵的教训。

那时我是澳洲飞行家史密斯的经理人，第一次世界大战期间，他曾代表澳大利亚出征巴勒斯坦。战事结束后，史密斯在30天中环绕地球飞行半周的壮举震惊了整个世界。澳洲政府颁赠5万美元奖金，英皇授予他爵位。

在这段时间里，史密斯爵士在英国是一个备受瞩目的人物，甚至可以称他为“不列颠帝国的林白”。

有一天晚上，我受邀参加史密斯爵士的宴会，当时坐在我旁边的一位来宾讲了一个很幽默的故事，还用了一句成语。讲故事的那位来宾指出那句话出自《圣经》，其实他错了，那句话分明是出自莎士比亚的作品。当时，我为了满足自己的自重感，展现出我的优越和突出，毫无顾忌地纠正了他的错误。但他仍然坚持自己的说法是对的……于是，我们决定让致力于莎士比亚作品研究的加蒙德先生来评判谁对谁错。加蒙德也是我的老朋友，他当时就坐在我的左边，而那位讲故事的来宾坐在我右边，加蒙德静静地听完我们的争论，突然在桌子下面用脚踢了我一下，示意我做错了，并当场明确告诉所有人，那位先生说的是对的，那句话的确是出自《圣经》。

当时我不明白加蒙德为什么要这么做，他明明知道，那句话是莎士比亚说的，还坚持说是我错了。加蒙德后来对我说："是的，一点也没错……那确实是莎士比亚的作品《哈姆雷特》第五幕第二场上提到的一句经典的话。可是你要知道，我们是这个盛大宴会上的客人，为什么一定要在这样的公众场合去指出别人的错误呢？你这样做只会让别人厌恶你。你为什么不给他留一点面子呢？他并没有征求你的意见，也不需要你的意见，你又何必去跟他争辩呢？我必须要告诉你，在任何场合，都应该避免正面的冲突。"

"避免正面的冲突"，这句话给我很大的启发。虽然说这句话的加蒙德已经去世了，可是他给我上的这一课我永远都会记住。

我原本是个固执、要强的人，从小就喜欢跟兄弟们争辩，在我上大学后，非常喜欢研究逻辑和辩论方面的知识，而且经常参加各种辩论比赛。后来，我在纽约教授辩论课程，还计划要写一部关于辩论的书，直到几年后的今天，我都羞于承认。从那次宴会以后，我明白了一个道理，天下只有一种方法，能得到辩论的最大胜利，那就是尽量避免辩论。因为在一场辩论中，那些辩论的人会无条件地坚持他们的见解，相信他们是绝对正确的。如果你的辩论没有获胜，那就说明你是真的失败了；但如果你辩论获胜了，还是跟失败一样，因为你在辩论中把对方的意见驳得体无完肤，结果只会令对方感到挫败和自卑，你甚至会伤害到他的尊严，并且他会对你的胜利心怀不满。因此，尽管你辩论胜利了，你也会失去人心，一样是失败的。所以，任何场合，都要学会避免冲突，避免争辩。

在巴恩互助人寿保险公司，他们为职员定下了一条规则，就是“不要争辩”。一个真正成功的推销员，是绝对不会和顾客争辩的。

数年前，有一个喜欢争辩的爱尔兰人叫奥哈尔。他没有受过很好的教育，可是喜欢争辩、挑剔别人，他做过司机，后来又做汽车公司推销员，因为他的业务表现不理想，所以才来找我帮忙。他跟我说明情况后，我才知道，原来他在推销汽车时，经常因为不愿接受顾客的批评而与顾客发生口角，导致顾客不愿意找他买汽车。

对于奥哈尔，我开始并没有教他如何讲话，而是训练他如何减少讲话，避免和别人争辩。奥哈尔按照我的方法去做了，现在他已经是怀特汽车公司的一位成功的推销员了。

奥哈尔讲述了自己的经历：

“假如我走进客户的办公室，他如果对我说：‘什么？怀特汽车！这个牌子不好，就是白送给我，我也不会要的。我打算买胡思特牌子的卡车。’我就会顺着他的口气说：‘老兄，你说得不错，胡思特牌的卡车确实不错，买了准没错。那家公司很好，推销员也很能干。’

“然后他就没话说了，我根本就不给他争辩的机会。如果对方说胡思特牌子的汽车好，我说的确是，那他一定不知道接下来该说些什么好。趁他哑口无言的机会，我就向他介绍怀特牌汽车的优点。最终，他选择购买我推荐的一款怀特汽车。

“要是在过去，遇到这种情况，我肯定会非常生气。我会和他争论，指出胡思特牌汽车是如何不好……我越说那家公司出品的汽车不好，对方越会反驳我。争辩越是激烈，对方对我的印象就会越差，最后一定不会购买我的汽车。

“现在回想起来，我真不知道自己过去是如何推销汽车的。因为各种原因引起的争论，不知道让我失去了多少宝贵的时间和金钱。现在我学会了如何避免争论，如何减少说话，使我得到了许多意想不到的好处，也令我变成了一位合格的推销员!”

奥哈尔能有今天的成绩，完全在于他深刻地认识到争辩并不会对事情有任何好处，反而会让事情变得越来越糟。他能及时纠正自己的错误，避免与别人争辩，是值得称赞的!

本杰明·富兰克林常说：“辩论、发怒、反驳或许会给你带来胜利，但是这胜利是短暂而空虚的，因为你永远无法赢得对方的尊敬。”想想看，你是愿意得到空虚的胜利，还是愿意得到人们的尊重呢？两者不可兼得。

《波士顿文抄报》曾刊登出一首很有深意而且很有趣的诗：

威廉姆·杰伊长眠于此，

他直到死时都认为自己是对的，

每次争辩都是他获胜，

但是输赢又有什么用呢？

他现在死了，

就跟从没对过一样。

争辩的结果可能证明你是对的，但是这根本毫无意义，无论输赢，你都没办法改变他人的意志。

玛度是威尔逊总统任内的财政总长，他从自己多年的从政经验中得到一个教训，他说：“我们绝不可能用辩论使一个无知的人心服口服。”玛度先生说得太温和了，据我的经验，不只是无知的人，你无法用争辩改变任何人的意志。

税务顾问弗里德里克·帕森斯和一位政府税务稽查员为了一笔9000美元的收入争辩了一个小时。帕森斯指出这是一笔永远无法收回的死账，所以不应该征收所得税。稽查员反驳道：“死账？我认为这是必须要缴税的。”

帕森斯在我的演讲班上说：“跟这种冷厉、傲慢又固执的稽查员讲理，等于是在浪费口舌……跟他争辩越久，他越是固执，所以我决定避免跟他争论，换个话题，赞赏他几句。

“我对他说：‘这件事对你来说只是一件很小的事，你在工作中肯定处理过很多更棘手的问题。我虽然也研究过税务，但都是从书上得来的知识。而你的经验，都是由实践中得来的。我非常羡慕你有这样一份工作，如果我也能像你一样做税务稽查员，就能学到很多从书本上学不到的东西了。’我跟他讲的每一句都是实在话。

“稽查员在座椅上挺了挺腰，开始谈论他的工作经验，讲了许多他发现的舞弊案件。他的语气渐渐平和下来，接着又说到他的孩子身上。临走的时候，他对我说，回去后再把这问题考虑一下，过几天给我答复。

“三天后，稽查员又来见我，他说那笔钱不用征税了。”

在这位稽查员的身上，显露出了一种最常见的人性的弱点。其实，他需要的只是一种自重感。只要帕森斯能给稽查员一些面子，认可他的重要性，也就不会有这起冲突和辩论了。

拿破仑家里的管事时常和约瑟芬打台球游戏。在他写的《拿破仑私生活回忆录》中，有这样一节："我知道自己球艺不错，不过我总设法让约瑟芬胜过我，这样会使她很高兴。我们要让顾客、朋友、丈夫或者是妻子，在细小的争论上胜过我们。"

林肯也曾说："一个成大事的人，不能处处计较别人，消耗自己的时间去和别人争论。"无谓的争论，不但对自己性情有所损害，还会使自己失去自制力。在尽可能的情形下，不妨对人谦让一点。与其和狗争路而被咬，不如让狗先走一步。如果被狗咬一口，你即使把这只狗打死，也不能治好你的伤口。

无数的案例告诉我们，争辩只会让你失去别人的好感，失去人心。只有避免冲突和争辩，才能使自己在人际交往中向好的方面发展。

所以，让所有人都赞同你的规则是：在辩论中，获得最大利益的唯一方法，就是避免辩论。

第二节　尊重对方意见，千万别说“你错了”

名人的经验告诉我们，永远不要指责别人的错误，因为你没有权利，也没有资格对别人这样做。

西奥多·罗斯福在白宫的时候，曾经说过，如果他每天有75%的时间是对的，那就是他达到最高程度的标准了。这位20世纪最受人瞩目的人尚且如此，而我们又该如何呢？

如果你能确定，在你一整天的时间里，有55%是对的，那么你可以到华尔街一天躺赚百万美元，可以买游艇了。如果你不能确定55%的时间是对的，那么你又凭什么要指责别人的错误呢？

为人处世，千万不要对别人说“你不承认自己有错，我拿证据来给你看”这种话，因为这等于是在说“我比你聪明，我要用事实来纠正你的错误”，这样做只会令人感到反感和厌恶。这是一种挑战，会激起对方的辩论，不需要等你再开口，他已经准备接受你的挑战了。即使你用最温和、最委婉的措辞，想要改变别人的意志，也是极不容易的，何况是处于矛盾激化的情况下。所以，最好的办法就是，管住自己的嘴，尊重别人的意见，不要轻易指责别人。

如果你一定要纠正别人的错误，不妨运用一种非常巧妙的方法，既能达成目的，又不会得罪对方。就像吉士爵士跟他儿子说的：“我们要比别人聪明，可是你却不能告诉他，你比他聪明。”

有逻辑性的人太少了，我们大多数人都带着偏见和成见，被先入为主的观念、猜疑、恐惧、妒忌和傲慢所束缚。鲁滨逊教授在《理智的形成》一书中写道：“我们有时发现，自己会不知不觉中改变主意。可是，如果有人指出我们的错误时，我们却拒绝改变。我们不在意自己的想法是如何形成的，但是如果有人质疑我们的想法时，我们就会充满保卫它的激情。显然，这并不是因为这些想法很重要，而是因为我们的自尊心受到了威胁。”

有一次，我请了一个室内装潢师替我配置一套窗帘，当他把账单送来后，我吓了一跳，那上面的价目贵得离谱。几天后，有位朋友来我家，看到那套窗帘，问到价钱，便幸灾乐祸地说：“什么？那太不像话了，恐怕是你自己不小心受了别人的欺骗吧！”真有这回事？确实如此。虽然这位朋友说的没错，但我就是不愿意听到她说的实话。所以，我竭力地替自己辩护，我说价钱昂贵的东西总是好的。

第二天，另外一个朋友来我家做客，他对那套窗帘诚恳地赞赏，并且还表示，希望自己也能有一套那样的窗帘。我听到这句话以后，跟昨天的反应完全不一样。我说："说实在的，我配制的这套窗帘价钱太贵了，我现在有点后悔。"

这就是人们面对不同的人的说话态度，所做出的反应也不尽相同。当我们有错误的时候，或许我们会对自己承认……如果对方能给我们承认的机会，我们会非常感激，甚至不用对方开口，我们就自然而然地承认了。但如果有人硬要把苦涩的事实塞进我们的喉咙，我们肯定是无法接受的。

纽约自由街114号的玛霍尼出售煤油业特用的设备。长岛一位老主顾向他订制一批货。那批货的制造图样已呈请批准，机件已在制造中。可是一件不幸的事忽然发生了。

这位买主跟他的朋友们谈到这件事，那些朋友们提出了多种见解和主意，有的说太宽太短，有的说这个那个，他听朋友们这样说，内心感到烦躁不安，便立即打了个电话给玛霍尼，他说绝对拒绝接收那批正在制造中的机件设备。

玛霍尼先生说出了当时的情形：

“我很细心地查看，发现我们并没有错误。我知道这是他和他的朋友们不清楚这些机件的制造过程。可是，如果我直率地说出那些话来，不仅不恰当，还会给这项业务的进展带来麻烦。所以我去了一趟长岛。我刚进他办公室，他马上从座椅上跳了起来，声色俱厉地斥责了我一番。最后他说：‘现在你打算怎么办?’

“我心平气和地告诉他，他有什么打算，我都可以照办。我对他这样说：‘你是出钱的人，当然要给你满意的东西。如果你认为你是对的，请你再给我一张图样。虽然由于进行这项工作，我们已花掉2000美元。我情愿浪费2000美元，把进行中的那些工作取消，重新开始做起。不过，我必须要把话先说清楚，如果我们按你现在给我的图样制造，有任何错误的话，责任在你，我们不需要负任何责任。可是，如果按照我们的计划进行制造，有任何差错发现，则由我们全部负责。’

“他听我这样讲，这股怒火似乎渐渐平息下来了，最后他说：‘好吧，照常进行好了，如果有什么不对的话，只能求上帝帮助你了。’

“结果是我们做对了，现在他又向我们订了两批货。

“当那位主顾侮辱我，几乎要向我挥拳，指责我不懂自己的业务时，我用了我所有的自制力，尽量避免和对方争论。虽然这样做需要有极大的自制力，可是我都做到了，我认为那是十分值得的。

“当时，如果我告诉他，那是他的错误，并和他争论，说不定他还会向法院提出诉讼，那结果恐怕就不只是双方起争执、互相厌恶了，还会使自己失去一位极重要的主顾，造成经济损失。所以，我深深地体会到，如果直率地指出别人的错误，是不值得的。”

克洛雷是纽约一家木材厂的销售员。他坦诚地说，多年来，他一直对那些自以为是的木料质检员说他们错了，他常在争辩中获胜，但没有得到过任何好处。虽然他总是在争辩中获胜，但却给两家木材厂带来了上万美元的损失。在上了我的课后，他下定决心不再争辩了，结果反而出乎意料。

我们一起来看看他是怎么说的：

“有一天早晨，我办公室的电话铃响了，那是一个愤怒的顾客打来的，他说我们送去工厂的木材完全不适用。他的工厂已停止卸货，并且要求我们立即把那些货从他们工厂运走。卸下四分之一木料后，他们的木料质检员说，55%的木料不合格，因此他们拒绝收货。

“我立即赶往对方的工厂。在路上，我的心里就开始盘算，该如何处理这件事。往常我遇到这种事情，我会说出木料分级的各项规则，来说服质检员。我有充分的自信，木料确实是合乎标准的，肯定是他在检查上误解了规则。可是，这次我并没有指出对方的错误，我想试试在培训课上学到的原则。

“我到了那家工厂，看到采购员和质检员的神色都很糟糕，好像已经准备好了要跟我交涉。我来到他们卸木料的地方，告诉他们继续卸货，让我看看到底是怎么回事。我请那位质检员把合格的货放在这边，把不合格的放另一边。

“我看了一会儿，慢慢就明白了，质检员没有弄清规格，他的标准其实太高了。我知道这位质检员在硬木方面学得很好，但在白松方面却缺少经验。而白松却是我的强项，但是我并没有暗示或指出他错了。我只是观察他是如何检查的，问他那些木料不合格的原因。我向他强调说我之所以这样问，只是为了将来再送木料时知道他们想要什么样的木头。

“我以友好合作的态度，跟那位质检员交谈，同时还称赞他谨慎、能干，说他挑出不合格的木料是对的。这样一来，我们之间的紧张气氛渐渐地消失，接着也就融洽起来了。我极其自然地插了一句话，使他们慢慢意识到，拒收的那些木料其实是合格的。我说得十分含蓄、小心，让他们感觉这不是我故意说的。渐渐地，他的态度改变了。他最后向我承认，他在白松一类的木料检查上缺乏经验，并且指着一块卸下来的木料向我讨教问题。我就和他解释，为什么这块木料是这个规格的，并且说如果这批木材不能满足他们的需要，他们可以拒绝收货。最后，他承认了自己的错误，问题是他们并没有说需要上好的木料。

“我走后，这位质检员又将全车的木料检查了一遍，而且全都签收了，同时我也收到一张即期支付的支票。”

从这件事可以看出，一个人说话的技巧决定了他能不能做成这件事。在与人交流谈判的过程中，要学会尊重别人的意见，遇到意见不同的情况，要试着换一种态度和说话方法去委婉地表达，如此一来就会收到事半功倍的效果。

所以，如果你想要赢得他人的尊重，那就必须尊重对方的意见，千万别说“你错了”。

▼

第三节　坦然承认错误能让你得到更多

古人说：“知错能改，善莫大焉”，当一个人犯错的时候，能主动坦然承认错误，并且及时改正错误，这也是一种美德。有时候，坦然承认错误能让你得到更多。

我住在纽约这个大都市的中心区，从我家步行不到一分钟，就能看见一片树林，春天来了，黑莓丛开着白色的花朵，松鼠在这里筑巢哺育后代，这片净土叫森林公园。我经常带着雷克斯去公园里散步，它是一只波士顿小斗牛犬，是一头可爱驯良的小狗，因为公园里很少见到人，所以我通常不会替雷克斯拴上链子或戴上口笼。

有一天，我和雷克斯在公园看到一个骑着马的警察，一个急于要展示自己权威的警察。

他向我大声说："不戴口笼，你就让狗在公园乱跑，难道你不知道这是违法的吗？"

我平静地说："是的，我知道这违法，不过我认为它不会在这里伤害人的。"

警察硬生生地说："你认为，法律可不会去管你怎么认为。你那条狗可能会伤害这里的松鼠，也可能会咬伤来这里游玩的儿童。这次我会饶了你，但若下次再让我看到你的那条狗不拴链子，不戴口笼，你就得去跟法官讲话了。"我点点头，答应遵守他所说的话。

我是真的遵守了那位警察的话，但只遵守了几次。原因是雷克斯不喜欢在嘴上套口笼，我也不愿意为它戴，所以我们决定碰碰运气。起初安然无事，但有一次终于还是撞枪口上了。一天下午，我正和雷克斯在斜坡上跑，突然看到了那个骑马的警察。雷克斯当然不知道是怎么回事，它在我前面蹦蹦跳跳，直接往警察那边冲去。这下我知道要糟糕了，不等警察开口，我就主动承认错误："警官，我愿意接受你的处罚，因为你上次讲过，在公园里，狗嘴上不戴口笼是触犯法律的。"

那位警察见我态度良好，便用了很平和的语气和我说话："哦，我知道在没有人的时候，你肯定想让小狗多跑动一下！"

我苦笑了一下，说："是的，但是这是违法的。"

警察反倒替我辩护起来了，说："这样一只小狗，不会伤害到别人的。"

我却很认真地说："可是，它也有可能会伤害松鼠啊！"

警察满不在乎地说："那是你把事情看得太严重了。我告诉你怎么办吧，你只要让小狗跑过山坡，别让我看到，这件事也就算了。"

这位警察也是个普通人，也希望得到重视。当我自己承认错误时，他唯一能让自我感觉良好的方法，就是采取一种宽大的态度，显示出他的仁慈。

如果明明知道自己做错了，为何不在别人还没揪出你的错误之前，就赶紧改过来呢？总比从别人嘴里说出你的错误要好得多吧？所以，在别人责备你的错误之前，你主动承认自己的错误，很可能会得到对方的谅解。就像那骑马的警察对我和雷克斯一样。

商业广告艺术家华仑曾用这个方法，给一个坏脾气的顾客留下了好印象。

"在为广告或出版行业画图时，精细度和准确度要求非常高。"华仑说，"有些美术编辑要活儿非常急，这时就难免会出现点儿小错。我认识的一位美术总监总喜欢挑毛病，每次离开他的办公室，我都满心厌恶。并不是因为被他刁难，而是因为他总是进行人身攻击。最近，我给这位美术总监送去一个快件，他打电话让我马上去他办公室，说是有些地方不对。果然不出我所料，他一脸怒容，质问我为什么要这么画。那一刻，我突然想到‘自我批评’的方法。所以，我当时就说：‘先生，你说的是对的，的确是我的疏忽，我不会为我的错误找任何借口的。我为你画了这么多年的画，本来应该了解你的要求的。我为自己感到非常惭愧!’

“那位美术总监听我这样讲后，却替我分辩说：‘是的，话虽如此，不过这也不算什么太大的问题，只是……’

“我打断了他，然后说：‘不管是什么错误，都会让人受到影响，让你看了会恼火……’

“他要插嘴进来，可是我不让他说。这是我有生以来第一次批评自己，我很愿意这么做。

“所以我接着又说：‘我应该多加小心，你平时照顾了我不少生意，你应该得到你所满意的东西。这幅画我带回去，重新再画一幅。’

“他摇摇头，说：‘不，不，我不会给你添太多的麻烦的。’他开始夸赞我的作品，还向我保证只需要修改一个小地方就可以了。然后他又指出，这一点小错误，对他公司的利益不会带来任何损失。毕竟，这只是一个小细节，不需要太顾虑。

“由于我及时批评自己，使他怒气全消。最后，他还请我吃午饭，当我们分开的时候，他签了一张支票给我，并委托给我另外一项工作。”

任何一个愚蠢的人，都会尽力为自己的过错辩护，而有一类人却能在承认自己错误的同时，令自己出类拔萃，并且带给人一种尊贵、高尚的感觉。

历史上曾经有过这样一段佳话——葛底斯堡之役惨败后，罗伯特·李将军没有归咎于皮克特或其他下属，而是把责任归咎到自己身上。

皮克特的那次冲锋战，是西方历史中最光荣生动的一次战争。

那是七月的某一天下午，他得意地骑着马，奔向联军阵线，那种英武的姿态，赢得所有部下的喝彩，并都追随着他向前挺进。北方联军阵线的军队，远远朝这边看来，看到这样的队伍，也禁不住一阵低声的赞美。皮克特带领的军队迅速地前进着，经过果园、农田、草地，横过山峡。最终，敌人的炮火朝他们猛烈袭来，他们依然勇敢地向前进。

突然间，埋伏在山背石墙隐蔽处的联军，从后面蜂拥而出，对着没有准备的皮克特军队射击，山顶烈火熊熊，犹如火山爆发。几分钟之内，皮克特带领的五千大军，几乎有五分之四都倒了下来。

阿密斯特带着残余的军队，跳过石墙，用刀尖挑起军帽高高挥舞，怒吼道：“弟兄们，杀啊！”顿时士气大增，一阵肉搏后，终于把南方军的战旗竖立在那座山顶上。战旗飘扬在山顶，虽然时间很短暂，却是南方盟军战功的最高纪录。

皮克特在这场战役上，虽然获得了人们对他光荣、勇敢的赞誉，可是也是他结束的开始——李将军失败了！他知道已无法深入北方。

南军失败了！他受到沉重的打击，怀着悲痛、懊丧的心情向南方同盟政府总统戴维斯提出辞呈，表示请另派年富力强的人前来领军。

如果李将军想把皮克特的惨败归罪到别人身上，他可以找出几十个借口来，有些带兵师长不尽职、马队后援太迟，不能及时协助步兵进攻，等等，可是李将军没有责备别人，也没有将错误归咎于别人。当皮克特带领残军回来时，李将军只身单骑去迎接他们。并且自责地说："这都是我的过错，这次战役的失败，我应该负所有的责任。"他的态度令人敬畏。

载入历史的名将中，很少有这种勇气和品德的将领，敢于承认自己的错误。

美国作家阿尔伯特·哈伯德的作品非常独特，他的文字满含讥讽，常常会引起人们对他的反感和不满。可是，哈伯德有一套特殊的待人技巧，他可以将一个敌人变成他的朋友。

例如，当有一些愤怒的读者，写信批评他的作品时，哈伯德会给他们这样一个回答："是的，在我细想之后，连我自己也无法完全赞同。我昨天所写的，今天我也许就不以为然了。我很想知道你对这个问题的看法，下次你到附近来的时候，欢迎你来我这里谈谈，我会跟你紧紧地握手。”如果你接到这样一封信，你能说些什么呢？

若是我们对了，我们可以巧妙地让别人赞同我们的观点。可是，当我们犯了错误的时候，就要快速地、坦诚地承认我们的错误，这样不但能够获得别人的谅解，还可能会有意想不到的效果。

用争夺的方法，你永远无法得到满足。可是当你谦让的时候，你可以得到比你所期望的更多。所以，你如果想获得人们对你的赞同，你应该记住这一规则：如果你错了，就迅速地、郑重地承认错误，因为坦然承认错误能让你得到更多。

▼

第四节　友善比强势更有力量

待人友善是一种美德，也是为人处世的一种方法和手段。生活中，懂得友善地对待身边的人和事，以柔克刚，往往会比恶意和强势更有力量。

如果你在盛怒之下对人发了脾气，对你而言，固然发泄了心头的气愤，可是对方会怎么想？你那咄咄逼人的语气和满满的敌意，会让对方服软吗？威尔逊总统说过："如果你握着拳头来找我，我保证我的拳头会比你更硬。如果你认为我们应该坐下一起商量，找到我们之间意见不同的原因和症结。那么我们很快就能发现，其实分歧并不大。分歧很少，重叠的意见则很多。如果我们有耐心和诚意，我们必定可以握手言和。"

没有人比约翰·洛克菲勒更赞同威尔逊总统说的这句话了。1915年，洛克菲勒在柯洛雷多州声名狼藉。那是美国工业史上流血最多的一次工潮，震惊了全州两年之久。那些愤怒的矿工要求由洛克菲勒控股的科罗拉多州煤铁公司提高工资。那时房产遭矿工所毁，最后不得已调动军队前来镇压。流血事件接连发生，矿工死伤很多。

空气中弥漫着仇恨。在这样剑拔弩张的情况下，洛克菲勒想要获得那些矿工的谅解，而且他真的做到了。他是如何做到的呢？

洛克菲勒花了几个星期和工人们恳谈，终于得到了一个机会在工人代表面前发言。这一篇演讲稿真可谓是他成功的杰作，令声讨洛克菲勒的怒火平息了下来。他的这番话还为他赢得了很多人的赞赏。在这篇演讲中，他用极其友善的方式罗列事实，结果工人们对奋力争取的涨工资一事一言未发，就都回去工作了。

洛克菲勒的态度非常诚恳真挚，要知道，这些人前些天还恨不得随便找棵酸苹果树吊死他。但是他表现出来的仁慈和友善，仿佛面前的听众是和善的传教士。

洛克菲勒在演讲一开始就说："这是我一生中最值得纪念的一天，这是我第一次有机会和公司的员工代表、主管和负责人聚在一起。这次聚会让我感到荣幸，有生之年将永远记住。

"如果在两个星期前举行这个聚会，我站在这里，你们大部人都不认识我，我也只认识几个人。

“然而前些日子，我有机会去南煤场的营地做客，跟各位代表一一私下聊过。除了当时不在的几位代表，我几乎见过了所有人。我还去了你们家，见到了很多人的妻儿。所以今天在这里见面，我们都是朋友，并不陌生。在我们友好、互助的精神下，我很高兴有这样一个机会和你们讨论我们共同的利益。

“因为这个会议是公司的管理层和工人代表的会议，我既不是管理者，也不是员工代表，我能够来这里，都是承你们的厚爱。可是我觉得，我和你们之间的关系是非常密切的，因为在某种意义上，我同时代表着股东和董事。”

在这篇演讲中，他运用了极为谦虚的语句，态度十分诚恳，这样的演讲不就是使仇敌成为朋友的一个例子吗？

如果洛克菲勒运用了另外一种方法：和那些矿工们争辩，直截了当地指出目前灾难性的局面，或是用严密的逻辑推导证明他们错了，结果又将是如何呢？恐怕这会激起更多的愤怒，更多的仇恨，更多的反抗。可见，友善是化解愤怒和仇恨的一剂良药。

如果一个人从内心里很烦你、讨厌你，就算用上全天下最无懈可击的逻辑也无法说服他同意你。无论是抱怨的父母、专横的老板，还是跋扈的丈夫、唠叨的妻子，他们应当意识到，如果人们不想改变自己的意志，你无法强迫他们认同你的观点。如果我们温和友好，永远温和友好，总有一天他们会被感动的。

在怀特汽车公司，有2500名工人为了增加工资组织工会罢工。那家公司的经理布兰克，并没有震怒、斥责、恫吓他们的行为。反而称赞这些罢工的人。他在克利夫兰的报纸上登了一则广告，称赞他们采用了“放下工具的和平方法”。

他看到罢工的纠察人员闲着没事做，就去买了几套棒球，请他们在空地上打球。有些人爱玩保龄球，他还为他们租了保龄球道。

布兰克友善的态度给他带来了回报。那些罢工的工人找来扫把、铁铲、垃圾车，自发地打扫工厂四周的纸屑、火柴、烟蒂。试想，那些罢工的工人正在要求加薪和承认工会之时，还在整理工厂四周的环境。这种情形，在美国劳资纠纷中，实在是很少见的。这次的罢工在一个星期内和解结束，没有人对此心怀不满和怨愤。

丹尼尔·韦伯斯特是美国历史上最成功的辩护律师之一。他出庭时如同神明下凡，气势磅礴。但他在做最有力的辩论之前，总是先用这种友好的话做引子：“敬请陪审团考虑”“这也许值得思考”“有几点事实我相信诸位没有忽略”“以诸位对人性的了解，很容易认识到这些事实的意义”。没有威胁，没有高压的方式，也没有试图强迫对方接受自己的观点。韦伯斯特使用的是柔和、低调、友好的方式，这使他在美国赢得了声望和尊重。

多年前，当我还是小孩时，有一天，我读到一个关于太阳和风的寓言。

太阳和风争论谁的力量大！

风说：“我马上找个证明给你看……你有没有看到那穿着大衣的老人？我可以很快把他身上那件大衣脱下，那时你就知道我的力量比较大了！”

太阳躲进云里去，风就刮了起来，几乎成了一股飓风。可是风吹得越大、越凌厉，老人就把大衣朝身上裹得越紧。最后，风不得不沉静下来。

接着，太阳从白云后面出来，对着老人和善地笑着，似乎没有多久，老人拭着额头上的汗，并把他身上那件大衣脱了下来。于是太阳向风说：“温柔、友善的力量，永远胜过愤怒和暴力。”

当我刚读到这段寓言的时候，在遥远的波士顿城里，就发生了一件事，同时证明了这段寓言的含义，确实有它的道理存在。

当时波士顿的报纸上几乎登满了伪药庸医的广告，如专门替人打胎和庸医的广告，用骇人听闻的话恐吓病人，使他们害怕，其主要目的就是骗钱。病患在接受治疗后，任意听凭那些庸医摆布而打胎，造成很多人死亡，可是这些人被真正判罪的却很少，他们只要花些钱，或者用政治的势力打压，就可以摆脱这个罪状。

这种情形日益严重，波士顿城里上流社会的人士群起反对，讲道的牧师在讲台上抨击、痛责那些刊登污秽广告的报纸，他们祈求上帝能使报纸停止刊登那些广告。市民团体、商人、妇女会、教会、青年会等均纷纷痛责，可是都无济于事。州议会中，也有激烈的争辩，希望这种无耻的广告能成为非法的，可是对方有政治背景，也没有产生任何效果。

那时有一位B医生，是一个基督教团体里的主席，他试了一切方法都失败了，对付这种医药界败类的运动，眼看就要毫无希望了。B医生突然想出一个所有波士顿人都没有想到过的办法——他想用友善、同情、赞赏的办法让报馆主动停止刊登那一类的广告。

B医生写了一封信给波士顿销路最好的一家报社，他对那家报社倍加赞誉，说那份报纸的新闻翔实，尤其报上那篇社论更是令人瞩目，那是一份最好的家庭报纸。B医生在信上又表示，那是全州最好的报纸，也是全美国最完美的新闻读物。

但他接着说："可是，我有个朋友告诉我说，他有一个年轻的女儿，有天晚上，他女儿朗诵你们报上一则广告，那是一则专门替人打胎的广告，小女孩不明白这广告的意思，就问她父亲那些字句的意思。我朋友被问得窘迫至极，他不知道该向这纯洁、天真的女儿作何解释。

“你们的报纸在波士顿是一份受欢迎的读物。在我朋友家中所发生的情形，是否在别的家庭也有这样类似的情形发生？如果你也有这样一个纯洁、天真、年轻的女儿，你是不是愿意她看到那些广告？当你女儿向你提出同样的问题时，你又该作何解释？

“贵报在各方面都很完美，由于有这类广告的存在，常使做父母的不得不禁止他们的子女阅读贵报。对于这一点，我为贵报感到十分惋惜，我相信其他的读者也会有跟我同样的想法。”

两天后，这家报社的发行人给了B医生一封回信，这封信上的日期是1904年10月13日，这封信他保存了30多年。当时他是我班上一位学员，他把那封信拿给我看。这封信的内容是：

本月11日，由本报编辑交来你的一封信，诵阅之余，非常感激，这是多年来本报延宕至今，一直未能实施的一件事。

自星期一起，本报所有报道中，将删除一切读者不喜欢的广告。至于暂时不能停止的医药广告，经编辑仔细处理后，再行刊登，以不引起读者反感为原则。

谢谢你关切的来信，使我获益良多。

发行人海司格尔

波士顿的人们用尽了各种方法和手段都未能做到的事情，B医生却用一封充满友善、同情、赞赏的信做到了。所以当你想要获得人们的赞同时，别忘了以友善的方法开始，请记住，友善有时候远比强势更有力量。

第五节　先让对方说“是”

在与人交谈时，不要从一开始就谈论你们意见相左的事，不妨先谈些彼此都赞同的事情。如果可能的话，你应该让对方知道，你们所追求的其实是同一个目标，不同的只是方法而已。

交谈是一门艺术，只要掌握了方法，其实可以通过引导对方来掌握主动权。而这个方法就是在交谈中，要想方设法地让对方在刚开始的时候就连连说“是”，尽量防止他说“不”。

奥弗斯特里特教授在《影响人类行为》一书中说过：“‘不’字是最难以逾越的障碍。一旦说出了‘不’字，他的尊严也会迫使他坚持己见。即使对方觉得自己这个‘不’字说得太轻率，他的尊严也不会给自己食言的机会。话一说出口，你就会下意识地坚持到底。所以最重要的事情就是，开始时绝不能让对方说‘不’字，要在一开始就把积极的方向确定好。”

实践证明，聊天高手在谈话开始的时候能让对方连连称“是”。这让听到这个词的双方，开启了一个心理过程，导向正确的方向。就如同桌球一样，你原定打的是一个方向，一旦稍有偏差，再等球撞回来的时候就完全与你所期待的方向相反了，而这个时候就不是你所能控制的，再想扭转局面就很难了。

以人们的心理状态来讲，当一个人说出“不”字时，他不仅仅只是说出了一个简单音节，而是他的腺体、神经、肌肉都进入了抗拒的状态。说“不”时，内脏器官都会产生收缩动作，整个神经系统都已经进入防御模式，阻止他食言。相反，当一个人回答“是”的时候，体内那些器官就不会产生收缩动作，机体会进入活跃开放的状态。所以，在谈话开始时，我们若能吸引对方回答更多的“是”，就更容易牵着对方的思路，将其成功地引向最后的建议。

让对方连连称“是”的策略听起来十分简单，可是却常常被人们所忽略。人们似乎习惯以反驳他人的方式来寻找存在感。

生活中，无论你面对的是学生、顾客、孩子还是伴侣，如果他们在一开始就以“不”字作答，那么你需要非常大的智慧和耐心，才有可能软化对方的抗拒。

纽约市格林威治储蓄银行的出纳员詹姆斯·艾伯森先生正是靠让对方连连称“是”的方法留住了一位客户。

艾伯森先生说：“一位客户来银行存款，我会按照银行的规定把存款申请表格交给他填写，有些人会马上填写，但有些人会直接拒绝。如果在我学习人际关系之前，我就会告诉这位顾客，如果他拒绝向银行提供这些信息，那我只好拒绝给他开户。以前我经常做这样的错事，我感到很惭愧。这种居高临下的态度让我自鸣得意，就好像这里我说了算，银行的规章不容轻视。这种态度当然不能让走进来照顾我们生意的人感到受欢迎和被尊重。

“后来我转变了方法。再遇到拒绝填写存款申请表的顾客，我的做法是，绝口不谈银行的规定，而是谈些顾客的需要。最主要的是，我打定主意让他从一开始就说‘是’。因此我站在他的立场，向他表示他没填的内容确实没必要填。

“我对那位顾客这样说：‘若是你去世后，你有钱存在银行，你是否想让银行把存款转交给你的亲属？’

“他马上回答：‘是的，我当然想。’

“我接着说：‘万一你去世了，我们要准确无误地执行你的遗嘱，你是否觉得把你最亲近的亲属的姓名留给我们是个好主意呢？’

“他又说：‘是，是的。’

“这位顾客态度软化的原因，是他已经知道填写这份表格完全是在为他打算。他离开银行前，不但把所有信息填在表格上，而且还接受了我的建议，用他母亲的名义开了个信托账户，他母亲的信息，也完全按照表格的详细要求填上了。

“我发现让他从一开始就连连称‘是’，他便会忘了争执的问题，并且会很愉快地按照我的建议去做。或许，这就是先让对方说‘是’的魅力所在。”

同样，利用先让对方说“是”这一方法，西屋电气公司销售代表约瑟夫·艾利森谈成了一笔大生意：

“在我负责的推销区域内，住着一位有钱的大企业家。我们公司特别想做他的生意。我的前任跟了他10年都没谈成任何生意。我接管这一地区之后，花了3年的时间去拜访都毫无结果。13年不间断地访问和商谈后，他才终于买了几台电机。我想，如果这次交易顺利，再卖出去几百台电机都不是难事。

“我的想法合情合理，不是吗？而且我知道我们公司的发动机质量很好，不会出现任何问题。所以三个星期后，我情绪高昂地再次去拜访他们。

“可是我高兴得太早了。接待我的是他们的总工程师，他见到我后就说：‘艾利森，我们不能再买你们的发动机了。’

“我心头一震，立即问：‘为什么?’

“那位工程师说：‘你卖给我们的发动机太热，我不能将手放在上面。’

“我知道跟他争辩，不会有任何好处。于是，我对那位工程师说：‘史密斯先生，你说的我完全同意。如果真的是发动机过热，你当然一个也不用买。你所需要的发动机，温度不能超过国家生产商协会规定的标准，对不对?’

“他完全同意。我得到了他第一个‘是’字。

“我又说：‘电工协会规定，一台标准的发动机，运行时不能超出室内温度72华氏度，对不对?’

“他再次认可了我的说法：‘是的，你说的没错。可是你的发动机却比规定的温度高。’

“我没有和他争辩，只是问他：‘工厂的室内温度是多少?’

“他想了想，说：‘嗯……大约75华氏度左右。’

“我说：‘这就是了。工厂温度是75华氏度，再加上协会规定的72华氏度，一共是147华氏度。如果你把手放进147华氏度的热水里，是不是会把手烫伤?’

“他不得不承认：‘是的。’

“我诚恳地向他建议说：‘史密斯先生，你别用手碰那台发动机，

不就行了？'

“他接受了这个建议，说：‘我想你说得对。’

“我们谈了一阵后，他把秘书叫来，为下个月订了差不多35000美元的货。

“我花了多年的时间，损失了数万美元的生意，最后才知道，争辩并不是一个聪明的办法。而是要站在对方的角度看问题，设法让别人回答‘是’，这种方法令我受益良多，也更有乐趣。”

加州奥克兰的爱迪·斯诺先生，跟我谈起他是如何成为一家商店的常客的。只因那位店主总是让他说“是”。

爱迪对弓箭狩猎很有兴趣，因而花了不少钱去添置器材和装备。有一天，他的哥哥到访，交谈中建议他改用租的方式，于是爱迪到他常常去的店里询问。但是店员说明他们并不对外租借弓箭。于是爱迪又打电话到另一家店里询问，以下是爱迪的叙述：

“当时，有位彬彬有礼的男士接了电话。他听到我的询问之后，表示非常遗憾，因为他们店里已不做这种服务了。然后他问我，是否以前向店里租借过。我回答：‘是的，在好几年以前。’他提醒我，那时一把弓箭的租金是否在25~30美元。我又回答：‘是的。’接着，他问我是不是个喜欢节约的人，我当即回答：‘是的。’接着，他解释道，他们正好有一套弓箭在廉价出售，包括所有小装备，总价才30多美元。

那就是说，我只需多付几美元便不需租借，而可以拥有整套的器材了。他紧接着解释，这就是他们店里不再办理租借的缘故，因为那样太不划算了。后来，我当然买下了那套器材，并且还购买了额外的其他东西。从此以后，我成了他们店里的常客。”

人类历史上最伟大的哲学家之一苏格拉底，他改变了人类的思考方式。2400年后的今天，大家仍尊他为最有智慧的说服者，因为他对这个纷争的世界影响很大。

他的秘诀是什么呢？直接指出别人的错处吗？当然不是。他的方法现在被称为“苏格拉底法则”，也就是我们所说的让对方连连称“是”的方法。他提问的角度非常巧妙，让对方不得不连连称“是”，不知不觉中，对方已经得到了与此前截然相反的结论。

当我们要指出别人的错误时，请记住苏格拉底这一有效的法则，问一些温和的问题，问一些让对方回答“是”的问题。

▼

第六节　尽量让对方多说话

善于交流的人通常都明白：在交谈中，你说得越多，了解的就越少，而让对方多说，你了解的也就越多。但很多人，每当需要人们赞同他的意见时，往往会把话说得太多。尤其是推销员，更容易犯这个毛病。其实，你应该让对方尽量说出他的意见来，因为他对于自己的事或是问题要比任何人知道得都多。所以，你应该问他问题，让他来告诉你一些事。而你需要做的，就是怀着舒畅的心情耐心地听，并用最诚恳的态度鼓励他，让他把所要说的话全部说完。

几年前，美国最大的一家汽车公司，想要采购第二年所需要的坐垫布料。当时有三家厂商把样品送去备选，这家汽车公司高级职员验看后，便和三家厂商约定某日各派一位代表前来商谈，到时再决定选购哪一家厂商的东西。

R先生是其中一家厂商的代表，就在那一天，他偏偏患了严重的喉炎。R先生在我的讲习班中说出了当时的情形：

“当轮到我去见汽车公司那些高级职员时，我竟哑了嗓子，几乎连一点声音也发不出来。我被带进一间办公室，跟里面的纺织工程师、采购经理、推销主任以及那家汽车公司的总经理都见了面。当我站起来想要说话时，只能发出沙哑的声音来。他们是围绕一张桌子坐着的，我喉咙发不出声音，只好用笔把话写在纸上：‘诸位先生，我嗓子哑了，不能说话。’

“那位总经理说：‘好吧，让我来替你说吧！’这位总经理真的替我说话了。他把我的样品一件件展开，并称赞这些样品的优点。他们就这样开始了讨论。由于那位总经理替我说话，所以在他们讨论的时候，他自然地帮着我。当时我只能点头笑笑，或是用手势来表达我的意思。

“会议讨论结束后，我获得了这个订货合约，这家汽车公司向我订购了50万平方米的坐垫布料，总价是160万美元。这是我到目前所经手过的一份最大的订货单。

“我知道，若不是我喉咙嘶哑，说不出话来，我会失去那份订货合同，因为我对整件事的理解有误。我无意中发现，原来让别人讲话如此重要。”

生活中，我们每个人都倾向于关心自己，这是人的本性。我们都非常喜欢讲述自己的故事，也喜欢听到与自己有关的东西。在这种心理影响之下，我们总喜欢滔滔不绝地说话，完全不顾对方的感受，或者当别人说话的时候心不在焉，根本不去关心对方讲的是什么。即使是看起来沉默寡言的人，他们也很喜欢谈论自己。其实，这种做法是跟别人交谈时最大的忌讳。如果你想要成为一个受欢迎的人，那么就要学会倾听，要鼓励别人多说话，多谈谈自己。

其实，通过巧妙的提问引导对方多说话是一个很好的方法。而正是通过这一方法，帮助推销员原一平促成了自己的保险生意。

推销员原一平前去拜访一位建筑企业的董事长渡边先生。可是渡边并不愿意理会原一平，一见面就给他下了逐客令。原一平并没有退缩，而是问渡边先生："渡边先生，咱们的年龄差不多，但您为什么能如此成功呢？您能告诉我吗？"

原一平在提这个问题时，语气非常诚恳，脸上表现出来的跟他心里想的一样，就是希望向渡边先生学习成功的经验。面对原一平的求知渴望，渡边先生不好意思回绝他。于是，他就请原一平坐在自己座位的对面，开始把自己的经历向他一一陈述。没想到，这一聊就是三个小时，而原一平始终在认真地听着，并在适当的时候提了一些问题，以示请教。

最后，渡边先生建筑公司里的所有保险，都是在原一平那里下的保单！

由此可见，赢得他人好感的办法就是要自己少说、引导别人多说，这样才能激发别人与你互动的兴趣，才能与之建立良好的关系。如果一个人说得太多，别人说话的时间就少了，你就无法知道什么对他是重要的。而在这一点上，费城电气公司的范勃先生的做法可以说是个很好的例子。

费城电气公司的范勃先生正在宾夕法尼亚一个富庶的荷兰农民区视察访问。他经过一户整洁的农家时，问该区的代表："这些人为什么不爱用电?"

那位代表显得很烦恼地说："他们都是些守财奴，你绝不可能卖给他们任何东西。而且他们对电气公司很讨厌，我已经跟他们谈过，但毫无希望。"

虽然范勃相信区代表所讲的情况，可是他愿意再尝试一次。他轻敲一家农户的门——门开了个小缝，年老的特根保太太探头出来看。

范勃先生是这样描述当时情形的："这位老太太看到是电气公司代表，很快地把门关上。我又上前敲门，她再度把门打开，这次她告诉了我们她对我们公司的感想。"

"我对她说：'特根保太太，我很抱歉打扰了你，我不是来向你推

销电气的，我只是想买些鸡蛋。’

“她把门开得大了些，探出头来怀疑地望着我们。

“我说：‘我看你养的都是多敏尼克鸡，所以我想买一打新鲜的鸡蛋。’

“她把门又拉开了些，说：‘你怎么知道我养的是多敏尼克鸡？’她似乎感到非常好奇。

“我说：‘我自己也养鸡，可是从没有见到过比这里更好的多敏尼克鸡。’

“这位特根保太太怀疑地问：‘那么你为什么不用你自己的鸡蛋呢？’

“我回答她说：‘因为我养的是来亨鸡，下的是白蛋——你是懂得烹调的，自然知道做蛋糕时，白鸡蛋不如棕色的蛋好。我太太对她做蛋糕的技术总感到很自豪。’

“这时，特根保太太才走了出来，态度也温和了许多。同时，我看到院子里有一座很好的奶牛棚。

“我接着说：‘特根保太太，我可以打赌，你养鸡赚来的钱比你丈夫那座奶牛棚赚的钱多。’

“她高兴极了，当然是她赚得多！她很高兴地对我讲到这点，可是她却不能让她那个顽固的丈夫承认这一点。

“她请我们去参观她的鸡舍，在参观的时候，我真诚地称赞她养鸡的技术，还找了很多问题问她，并且请她指教。同时，我们交换了很多经验。

“这位特根保太太突然谈到另外一件事，她说她的几位邻居在她们鸡舍里都装上了电灯，据说效果很好。她征求我的意见，如果她用电的话，是不是划得来。

“两星期后，特根保太太的鸡舍里，多敏尼克鸡在电灯的光亮下跳着叫着。我做成了这笔交易，她得到了更多的鸡蛋，双方皆大欢喜。

“但是，如果不是我先引发了她的兴趣，我想，我永远无法将电卖给这位守财奴式的荷兰农妇。”

所以，在生活中，如果你想与需要的人建立关系但对方又是难相处的人，那么，你就可以设法让对方多多地谈论自己。要知道，人们在谈论自己的时候，总是高兴的、投入的，只要他们高兴了，便很容易与你形成互动。

这种策略，用在求职上是不是有效呢？查尔斯·库贝里斯就作了这样的尝试。

纽约一份销量极大的报纸，在它的经济版中，刊登出一则篇幅很大的广告，招聘才华出众、经验丰富的金融人才。库贝里斯看到广告后，便向指定的信箱投函应征。几天后，他接到复函，约他面谈。在他去应聘前，他花了几个小时在华尔街打听该公司创始人的所有事迹。

在见面的时候，库贝里斯说："我能进入像你们这样有成就的商业机构，使我感到十分自豪。听说你在28年前开始创业的时候，除了一间屋子、一套桌椅和一个速记员外，其他什么都没有，是不是真有这回事?"

几乎每一个事业上有成就的人，都喜欢回忆早年苦干时的情形。眼前这位负责人，当然也不会例外。他谈了很多有关他当初如何用450美元现金和一股创业的意志起家的，周末和节假日都不休息，每天工作12~16小时，以及他最后如何渡过难关的。直到现在，华尔街最有地位、身份的金融家都来向他请教。他对自己拥有这样一段经历和成就感到自豪。

最后他简单问了库贝里斯的经历，随后把一位副总经理请来，说："我想这位先生，就是我们所要找的人了。"

库贝里斯费尽心思去探听他未来上司过去的成就，他对他未来上司表示关心，并且鼓励对方多说话，而使对方对库贝里斯留下很好的印象，最后求职成功。

法国哲学家洛希夫克曾这样说过："如果你想得到仇人，你就胜过你的朋友。可是，如果你想获得更多的朋友，就让你的朋友胜过你。"所以，生活中，别处处表现得那么争强好胜，我们要虚怀若谷、谦恭有礼，引导对方多聊聊自己，多听听对方的成就和经历，而你的角色就是做一个有耐心的倾听者和真诚的倾慕者，那样谁都愿意跟你接近，愿意与你多交流。

▼

第七节　让别人愿意与你合作

你自己发现的观点，是不是比别人代你说出的更值得相信呢？如果是的话，试想一下你把你的意见硬生生塞进别人喉咙里，这是不是错误的观念？如果能够提出意见，启发别人去得到他自己的结论，这不是一个更聪明的办法吗？ 费城有一位赛尔斯先生，他就亲测了这一办法的聪明之处及可行性。

有一天，赛尔斯先生突然觉得必须要给一群意志涣散的汽车推销员灌输一些热情和信心。于是他召开了一次推销员会议，鼓励他的员工们告诉他，希望从他身上得到些什么。他在会议中把员工们所提出的意见，都一一写在黑板上。然后他说："我可以给你们所希望得到的，可是希望你们告诉我，我在你们身上能获得些什么？"他很快有了满意的答案——忠心、诚实、乐观、进取、合作以及每天8小时的热忱工作，其中有人甚至愿意每天工作14小时。这次会议使员工们充满了对工作的热情和信心，此后他的公司业绩蒸蒸日上。

赛尔斯先生说："其实，我只是和他们做了一次精神上的交易。我对他们尽我所能，所以他们也尽了自己最大的力量。而我用这种方式跟他们商谈他们的需要，正是他们极愿意接受的。"

没有人喜欢被强迫，强迫自己去买一样东西或是被人派遣去做一件事。我们都喜欢跟随自己的心愿买东西或是照着自己的意思去做事情。同时，希望有人跟我们谈谈我们的愿望、需要和想法。以威尔逊先生的情形来说，在他尚未研究人类关系学之前，他错失的生意不计其数。但是自从他学会启发别人去得出自己的结论后，他的推销变得异常顺利。

威尔逊先生是一家服装图样设计公司的推销员。三年来，他几乎每星期都去拜访纽约某位著名的设计师。威尔逊说："他从来没有拒绝接见我，可是也从没有买过我的图样，他每次都用心地看我的图，然后说：'不行，威尔逊先生，我想今天我们还是不能合作。'"

经过了150次失败后，威尔逊终于意识到，他已经陷入了思维惯性。于是他决定每星期利用一个晚上的时间去研究如何影响人的行为，帮助自己发展新的观念、产生新的热情。

不久之后，他决定换一种方法试试。他拿了几张那些设计家们尚未完成的图样，走进那位买主的办公室。威尔逊向那位买主说："我想请你帮我一点忙，这里有几张尚未设计完成的图样，请你告诉我，如何把它完成才能适合你的需要?"

这位买主把图样看了半晌，没有任何表示，顿了顿才说："威尔逊，你把图样放在这里，过几天再来找我。"

几天后，威尔逊又去他那里，听了建议后，他把图样拿回去按照那位买主的意思制作完成。这笔交易结果如何呢？图样全部出售了。自从那笔生意完成后，这位买主又订了十张图样，都完全是照着他的意思制作的，威尔逊就这样赚了1600多美元的佣金。

威尔逊说："现在我才知道过去失败的原因。我总是强迫他买我认为他需要的图样。可是现在我所做的跟过去完全不一样了。我请他提供他自己的意见，使他觉得那些图样是他自己设计的。现在不用我要求他买，他自己就会来向我买了。"

威尔逊先生从强迫对方买自己认为对方需要的图样，到让对方主动购买根据自己的意见制作完成的图样，这是一个很聪明的转变。

长岛有一位汽车商用了同样的方法，把一辆旧汽车卖给了一对苏格兰夫妇。

以前，这位汽车商把汽车一辆又一辆地给那对苏格兰夫妇看，他们总是认为汽车有毛病，不是嫌这辆不合适，就是说那辆有什么地方不好，再不就是价钱太高。有一次，这位汽车商向我请教。我建议他，别强迫那种犹豫不决的人买你的汽车，要让他自己来决定，你不必告诉他买哪一种牌子的汽车。总之，要让他觉得这是他自己的意思。于是，他决定试试看。

几天后，一位顾客想把他的旧汽车换一辆新的，那汽车商就想到了那个苏格兰人，也许他喜欢这辆旧式的汽车。他打了个电话，给那个苏格兰人，说有个问题想请教他。

那苏格兰人接到他的电话就来了。汽车商说："我知道你买东西很内行，你看这部旧汽车可以值多少钱，你告诉我后，我可以在交换新车时，有个准确的判断。"

那苏格兰人听到这些话后，笑容满面。终于有人向他请教，有人看得起他了。他坐到车里，驾驶着这辆车子兜了一圈，回来后说："这辆车子，如果你以300美元买进，就算捡到便宜了。"

汽车商问他："如果我以你说的数目买进这辆车子，再转手卖给你如何?"300美元？当然，这是他的估价，这笔生意立刻就成交了。

一位X光仪器制造商运用同样的技巧，把一批机械仪表卖给了布鲁克林市的一家大医院，获得了一笔很高的利润。这家医院准备扩充一个新的部门，要购进一套最好的X光仪器，这事由一位L医生负责，他被那些推销员包围了，谁都说自己的东西是最好的。

可是其中有一位制造商比较精明能干，也懂得待人处世的技巧。他写了一封信，给那家医院的L医生。这封信的内容是这样的：

“敝厂最近刚刚研发了一套X光机，第一批仪器已运来我们办事处。我们深知这些设备并不是十全十美的，所以我们很想再加以改良。如果你能抽个时间，来我们这里参观一次，并用专业的眼光告诉我们，如何才能使这套设备更适合你们使用，我们将万分感激。我知道你平时工作繁忙，请你告诉我你指定的时间，我很愿意派车来接你。”

L医生在我的讲习班上，说出这件事的经过：“我接到那封信后，非常出乎我的意料。让我感到惊讶之余，同时也感到有些得意。从来没有X光仪器制造商，会征求我的意见。这次使我觉得受人重视而且感到很光荣。那一个星期，我每晚都很忙，可是我取消了一个约会，特地去看那套新的仪器。当时我越看心里越喜欢。没有任何人强迫我买，我觉得替医院购进那套仪器，完全是我的意思，我认为那套仪器很好，就决定买下来。”

同样聪明的还有罗斯福，他也曾利用这一方法，搞定了政界要员。

在罗斯福做纽约州长的时候，他完成了一项特殊的功绩：使政界要员同意原来他们所反对的提案。我们且看他是怎么做到的。

当有重要职位需要补缺时，他就请那些政党要人推荐。罗斯福说：

“起初他们推荐的是党内并不受到欢迎的人。我就跟他们说，如果要使政治有满意的表现，你们推荐的这个人并不适合，同时也会受到民众的反对。后来，他们又推选了一个人，那个人看起来虽然并没有可批评的地方，可是也没有令人赞赏的优点。我就告诉他们，任用这样的人，会有负公众的期望，所以请他们再推选出一个更适合这个职位的人。他们第三次推荐的人，看起来是差不多了，可是还不是十分理想。于是，我对他们表示感谢之意，让他们再试一次。第四次他们所推荐的，正是我所需要的人，而对他们的协助表示再次感激之后，我就任用了这个人。而且我还让他们享有任命此人的名义。趁此机会，我就对他们说，我已经做了使他们愉快的事，现在轮到他们顺从我的意见做几件事了。我相信那些政界要员也乐意这样做，因为他们帮助政府进行了重大的改革，诸如选举权税法及市公务法案等。”

罗斯福凡事都很费心地去征求别人的意见，且对他们的建议表示尊重。所以，当罗斯福委派重要职司时，他就能够让那些政界要员真实地感觉到这是他们所挑选的人，这是他们的意见。

在伍德罗·威尔逊掌控白宫时，爱德华·豪斯上校在内政外交方面都有很大的影响力。威尔逊总统在所有大事上都跟他私下商量，他依靠豪斯上校，远大于依靠他的内阁。豪斯上校是用什么方法影响总统的呢？豪斯上校曾对亚瑟·豪登·史密斯透露过内幕，而史密斯在

《星期六晚报》上发表文章时引用了豪斯的话。

豪斯上校曾经这样说："我在了解总统之后渐渐地发觉，想要让他改变想法，最好的方法就是，漫不经心地把这种想法种在他心里，让他感兴趣，然后让他自己去思考。而这种方法第一次发生效果，完全出于意外。我曾去白宫拜访他，劝他采取一项政策，对于这项政策他似乎并不十分赞同。数天后，在一次聚会中，我很惊讶地发现威尔逊总统说出我那项建议来，并且表示那是他自己的意思。"事后，豪斯上校不仅让总统继续感觉到那是他的意见，而且还公开赞赏总统的睿智。我们要记住，我们将来所要接触的人，也许就像威尔逊总统那样，同样我们也要学会使用豪斯上校的方法。

所以，如果你想要让对方同意你的意见，就要让对方觉得那是他们自己的主意。

▼

第八节 学会从对方角度分析问题

在人际交往中，我们经常会碰到沟通不良的情况，这样一来，很容易导致隔阂与误解，造成人际关系的紧张。所以，如果想要在人际交往方面获得成功，就需要设身处地地去了解对方的观点，站在对方的角度去分析问题，只有努力去了解对方，理解了他的行为，才能谅解他，才能有助于问题的解决。

你可以认真地问问自己："如果我是他，我会怎么想，我会怎么做?"一旦你有了这样的想法，就可以省去许多时间和烦恼。因为你已经知道了事情的起因，就不会再憎恶这个结果了。

肯尼斯·古德在《如何将人变成黄金》一书中说过："比较一下你对自己的事的热切度和对别人的事的冷漠度，你就会明白，世界上所有的人也都是如此。这样，你就跟林肯、罗斯福一样抓住了人际关系的根基，唯一的根基。也就是说，待人处世的成败，只靠一样东西，那就是掌握对方的观点并感同身受。”

山姆·道格拉斯是纽约州亨普斯特德人。他以前总是抱怨妻子天天打理草坪，每周都在拔草、施肥，但草坪跟4年前搬来的时候一样乱七八糟。他这么说，她自然很受打击，而他每次这么说，晚上就别想好好过了。

在上了我的课之后，道格拉斯先生意识到这些年来他有多愚蠢。他从未想过，她喜欢打理草坪，可能真的想要一份赞美，对她勤劳的赞美。一天晚饭后，他妻子说要去拔杂草，叫他一起来。他一开始是拒绝的，然后好好想了想，决定去帮忙。妻子看到他非常开心，两人有说有笑地干活，一个小时就忙完了。之后，他常帮她做园艺，也经常夸奖草坪看起来很漂亮，这块地以前像水泥地一样毫无生气，多亏妻子的精心照料才能焕然一新。结果呢？两个人生活得更幸福了，因为他学会了从她的视角看问题，生活变得更加美好了。

正如杰拉德·尼伦伯格在《进入人们的内心世界》中所说：“聊天中要获得说服力，就请像重视自己一样重视对方。先表明这次谈话的目的，然后在开口之前先仔细想一下，如果你是对方，你愿不愿意听这些话。如果你希望对方认可你的观点，请先接受他的观点。”

生活中，大家经常会遇到一些因沟通不当而造成的难以解决的问题。其症结就在于每个人都只考虑到了自己，又由于太想让对方听从自己的意见和建议，所以无意中就会说出一些强硬的措辞，以期强制性地实现自己的目的。其实这样的做法反而不好，因为无法从根本上让对方做到心服口服。那么，面对这类问题，应该如何处理呢？答案是，学着站在对方的角度去思考和分析问题。就像你钓鱼一样，若想让鱼上钩，就必须要知道鱼儿喜欢吃什么样的鱼饵。只有你设身处地地站在对方的角度去分析问题，才能从对方的角度找到解决问题的突破口。要知道，如果乌鸦只是一味地想着自己喝掉瓶子里的水，而不换一个角度从瓶子里的水的角度出发，投入石子，让水上升，那它最终是喝不到水的。

其实，我自己也常常会犯类似错误，但好在通过运用“站在对方角度分析问题”的方法，事情最终都得到了很好地解决。多年来，我常在离我家不远的一座公园里散步、骑马，作为我大部分时间的消遣。所以，自然地渐渐对树木有了爱护之心，当我听到火烧树林的消息时，心里会感到非常难受。要知道，这些火不是由于粗心的吸烟者的不小心，就是因为孩子们来林间野餐所造成的。有时候树林起火，烧得很厉害，需要消防队来才能扑灭。

在公园的边上，有一个布告牌这样写着：凡引火者应受罚款及拘禁。可是那块布告牌立在很偏僻的地方，很少有人会看到。有一位骑马的警察似乎是负责管理这个公园的，但由于他对自己的职务并不认真，所以公园里经常会起火。

有一次，我急急忙忙地去警察那边，告诉他公园里有火正在急速地蔓延，要他马上通知消防队。可是他的反应却极其冷淡。他说那不是他的事，因为那不是他的辖区。从那时起，我每次骑着马来公园时，便会执行起保护公园的职责。

起初，我从未想过从孩子们的角度看待这件事，当我看到他们在树下生火时，心里非常不快，我会立即骑马到孩子们那里告诉他们，树下生火是要被拘禁关起来的。我以严肃的口气，要他们把火熄了。我还这样跟他们讲，如果不听，我马上要把他们抓走——那时我只是在发泄我的情感，并没有站在孩子们的角度考虑过他们的感受和观点。

结果如何呢?

那些孩子们虽然遵从了，可是心里并不服气，当我骑着马离开后，他们又生起火来，甚至还想把整个公园烧掉。显然，我强硬的语气和态度，遭到了他们的怨恨，他们并不愿意听我的。

几年后，我开始觉得自己应该多学些待人的技巧，学学各种与人相处的手腕，尝试着从别人的观点去看事物。

现在，我在公园里看到孩子们玩火的时候，我会这样说："小朋友，你们玩得高兴吗？你们的晚餐打算做些什么？我在小的时候，也喜欢生火野餐，现在想起来还觉得蛮有意思的。可是你们要知道，在公园里生火，那是很危险的，不过我知道你们都是好孩子，不会惹出什么麻烦的。可是别的孩子就不会像你们这样小心了。他们看到你们在生火，也会跟着玩起火来，回家的时候如果没有把火熄灭，就很容易把干燥的树叶烧着，结果连树也烧了。假如我们再不小心，不好好地爱护树木，这个公园就没有树了。你们知不知道，在公园玩火是被禁止的，要坐牢的。但我不是干涉你们的游戏，我希望你们玩得很高兴。只是你们最好别把火靠近干树叶，在你们回家时，别忘了在火堆上盖些泥土。如果你们下次再想玩时，我建议你们去那边沙堆上生火，好不好？那里不会有危险。小朋友，谢谢你们，希望你们玩得快乐。”

如果我说出这些话来，相信会有惊人的效果，而且那些孩子们会很乐意跟我合作。他们没有反感，没有抱怨，他们不会感到有人强制他们服从命令，从而保全了他们的面子。那样的话他们觉得满意，我也觉得满意，因为我是考虑到了他们的感受和观点来处理这件事情的。

在生活中，面对困难要学会站在对方的立场上进行思考，而不是一味地使用蛮力解决。所以，当我们希望别人完成一件事情的时候，不妨闭上眼睛，稍微想一想，把整个情形由对方的出发点想一想，然后问自己：“他为什么要如此做？”虽然这样做有些麻烦、费时，可是，却会帮助我们获得更多的友谊，会减少原来该有的摩擦，消除那些不愉快的气氛。如果我们能够把接触到的每一件事，都站在对方的角度去理解去分析，相信有一天你会发现，这样的做法将会让你受益终生。

哈佛大学商学院院长陶海姆说：“在与人会谈之前，我情愿在那个人办公室外面的走廊上来回走上两小时，也不愿意走进他的办公室。如果对我所要说的，以及他可能要回答的东西没有一个清楚的概念的话，我是不会进去的。因为我相信，只有处处替别人着想，多以对方的观点和角度去观察和分析，才能获得好结果。”

美国一位著名的心理学家说：“人与人之间面红耳赤的争吵，完全是可以避免的，其万能的法宝就是学会换位思考，经常站在对方的角度想想。”在我们日常的工作学习和生活中难免会遇到意见不统一的情况，双方应本着商量讨论的原则解决问题，这样误会和怨恨会更少。

我们每个人在社会中都有各自不同的角色，因此在人际交往的过程中，我们都习惯于从自己所扮演的角色出发去看待问题，并对别人的观点和行为作出主观的判断。当与对方发生冲突时，假如我们能站在对方的角度重新考虑一下问题，那么生活中很多复杂的矛盾就都能够迎刃而解了。

▼

第九节　用同情的话语获得对方的认同

在交谈中，你是不是很希望得到一句神奇的语句——一个可以停止争辩、消除怨恨、制造好感、使人们能够集中注意力听你谈话的语句？ 那么，你可以这样开始交谈：“对于你所感觉到的情形，我很同情，而且一点也不会责怪你，如果我是你的话，我也会有同样的感觉。”

就这样一句简单的话，世界上最狡猾、最固执的人也会软化下来。可是你必须是非常真诚地说出那些话来，假如你是对方的话，你当然有他同样的感觉。

以阿尔・卡彭为例，假如你和他互换角色，你继承了他的身体、性情和心智，而你也身处他的环境，也有那样的经历，那你也会成为跟他一样的人。因为那些便是使他沦为盗匪的原因。这很简单，就像响尾蛇的后代也是响尾蛇一样。

你之所以会成为你，并不完全是由你自己决定的。请记住，那个怒气冲冲来找你的人，之所以偏执、不讲理，能归咎于他的部分也不多。同情眼前这个可怜虫吧，为他们感到难过，感受他们的痛苦。对自己说："好吧，如果不是上帝垂怜，想必我也变成那个样子了。"

生活中，很多事情就是这样，你同情对方，对方同样也会认同你。所以，当你遇到棘手的人和事需要处理时，不妨用同情的话语来获得对方的认同。

杰伊·曼格姆是俄克拉荷马州塔尔萨人。他开了一家维修直梯和扶梯的公司，并持有塔尔萨最大的一家酒店的扶梯维修合同。酒店经理说这次维修不得超过2小时，因为他不想给酒店的客人带来不便，但这次要修，真的需要8个多小时，而且维修需要一个非常称职的机工，但他们公司没有专门设置一个专职人员来解决这种问题。曼格姆先生安排了一个顶级机工来修。他打电话给酒店经理，而不是和经理争论以给自己必要的维修时间。他说："里克，我知道你们酒店很忙，你想尽量缩短扶梯的停运时间。我理解你的忧虑，我们会全力以赴来满足你的需要。但是，我们评估之后发现，如果这次不一下子根治，你的扶梯会遭到更严重的损害，下次会停运更长的时间，我知道你绝对不想一下子停运好几天吧?”

结果经理只能同意，这次停8个小时总比下次关闭几天要强多了。曼格姆先生通过强调经理服务顾客的愿望，轻松地做到了：让他同意自己的想法，没有惹起敌意。

有一次，我做播音演讲，说到《小妇人》的作者奥尔科特。自然，我知道她是在麻省的康城长大并著就她的不朽名作的。但我一时不小心，我说我曾去过她在新罕布什尔州康城的祖屋。假如我只说了一次“新罕布什尔”也许可以原谅，可是我接连地说了两次。

随后，有许多的信函、电报纷纷寄来质问我、指责我，有的几乎是侮辱，就像一群野蜂似的，围绕在我不能抵抗的头上。其中有位生长在麻省康城的老太太，对我发泄了她炽烈的盛怒。我看到她那封信时，对自己说：“感谢上帝，幸亏我没有娶那样的女人。”

我打算写封信告诉她，虽然我弄错了地名，可是她却连一点礼节常识也不懂。当然，这是我对她最不客气的批判。最后我还会撩起衣袖去告诉她，我对她的印象是多么的恶劣。可是，我并没有那样做，我尽量约束自己，克制自己。我知道只有愚蠢的人才会那样做。

我不想同愚蠢的人一般见识，所以我决定要把她的仇视变成友善，我对自己说：“如果我是她的话，可能也会有同样的感觉。”所以，我决定对她表示同情。后来我去费城的时候，打了电话给这位老太太。

我在电话里说："某夫人，几个星期前，你写了一封信给我，我对你表示谢意！"

电话中传出她柔和、流利的声音，问道："你是哪一位，很抱歉，我听不出声音。"

我对着手上的话机说："对你来讲，我是一个你不认识的陌生人，我叫戴尔·卡耐基。在数星期前，您听了我关于路易莎·梅·奥尔科特的广播，我犯了一个无法原谅的错误，说她长在新罕布什尔的康城。这是个愚蠢的错误，我想为之道歉。您费神写信告诉我，实在十分感激。"

她在电话那边说："我很抱歉，卡耐基先生，我在信里粗鲁地向你发脾气，要请你包涵、原谅。"

我说："不，不，不该由你道歉，该道歉的是我。即使是个小学生，也不会弄出像我那样的错误来。那件事的第二个星期，我已在电台更正过了，现在我亲自向你道歉。"

她说："我生长在麻省的康城，两百年来，我的家庭在那里一直很有声望，我以我的家乡为荣。当我听你说奥尔科特小姐是新罕布什尔人时，让我感到很难过。但我真为自己那封信感到惭愧。"

我对着手上的话机说："坦白说，我当时也很难过。我的错误没有伤害麻省，可是对我自己却有了伤害。像你这样一位有身份和地位的人是很难得跟电台播音员写信的。以后在我的演讲中，如果再发现错误，我希望你能够再写信给我。”

她在电话里说：“你这种愿意接受人家批评的态度，使人们愿意接近你、喜欢你。我相信你是一个很好的人，我很愿意认识你，接近你。”

从这通电话的内容来看，当我以她的观点对她表示同情和道歉时，我也同样得到了她的同情和道歉。我克制住了自己的脾气，把侮辱变成了友善，我对自己感到很满意。我让她喜欢上了我，也让我得到更多的快乐。

其实，作为公众人物，差不多都会遭遇到人类关系学中最棘手的问题，而处理这类问题最为有效的方法，就是用同情的话语博得对方的认同。

塔夫脱总统也不例外，可喜的是他从经验中同样获得了这样一个结论：同情是消解恶感最有效的药物。在他的《公共事业的伦理》一书中，塔夫脱举了一个很有趣的例子，讲他是如何使一个怒气冲冲的母亲平息心中怒火的。

塔夫脱总统说：“住在华盛顿的一位太太，她丈夫在政界有相当的势力。她缠着我快有两个月时间了，要我替她的儿子安插一个职位。她还拜托了议院中的几位参议员陪她来我这里，为她儿子职位的事说话。

“可是，那个职位所需要的是技术人才。后来，经有关的主管推荐，我委派了另外一个人。然后，我接到那位母亲的来信，说我忘恩负义，竟然推脱一件举手之劳的事，拒绝使她成为一个快乐的女人。她又继续抱怨，她付出了多少心血，劝说她们那州的代表全力支持我最关注的一个行政法案，而我就是这样报答她的。

“当你接到这样一封信的时候，你想做的第一件事，想必就是如何用严正的措辞去回敬一个不礼貌而鲁莽的人。但是后来，我坐下来尽力用最客气的措辞写了封信，告诉她，我知道一个做母亲的遇到这种事情时，会感到非常失望。可是我坦白地告诉她，委任那样一个职位并非由我个人的好恶来决定，而是需要找一个合适的技术人才，所以我接受了那位主管的推荐。同时，我还表示希望她的儿子继续在他原来的工作岗位上努力，以期将来有所成就。这封信使她息怒了，她还寄了一封短信给我，对她上次那封信表示抱歉。

“但我所委任的那个人短时间内还不能来上班。这样过了几天，我又接到一封署名是她丈夫的来信，可是信上的笔迹跟之前两封信完全一样。

“这封信上这样告诉我，说他太太由于这件事而患上了神经衰弱，现在卧床不起，胃中或许已经长瘤了。为了让他妻子恢复健康，能否把已委任的那个人的姓名换成他儿子的姓名。

“我回了一封信给他，那是给她丈夫的。我希望他太太的病况是诊断错误。而对他所遇到的情形，表示同情，可是要撤回已委派的人是不可能的。几天后，那人也正式接任。就在我接到那封信的第二天，我在白宫举行了一个音乐会，最先到场向我和塔夫脱夫人致敬的就是这一对夫妇。”

密苏里州的钢琴教师乔伊斯·诺里斯讲述了如何处理一件麻烦事的故事。这种麻烦事是教十几岁的小女孩的钢琴老师们常会遇到的问题。芭贝特留的指甲非常长，这对于培养钢琴能力和习惯的人来说，是一个严重的障碍。诺里斯夫人说：“我知道，留长指甲是她弹好钢琴的愿望的绊脚石。我在给她上课之前聊过一次，但当时没跟她说指甲的问题。我不想打击她，使她不上我的课，而且我也知道，她根本不想剪，她为之感到骄傲，每天都悉心打理使之变得更漂亮。

“第一堂课后，我感到时机来了，我说：‘芭贝特，你的手真迷人，指甲真漂亮。你能弹好钢琴，如果将你的潜能发挥到极致，你定能如愿以偿。如果你愿意把指甲剪短一点，你就能更加容易地完成了，快得会让你惊讶。你考虑一下，好吗？’芭贝特做了个鬼脸，明显是说不。我也跟她妈妈聊过这件事，又说她的指甲真漂亮。又一个否定的回应。很显然，芭贝特细心打理的美甲对她来说很重要。

“第二周，芭贝特来上第二堂课。让我惊讶的是，指甲已经剪了。我恭维她，赞扬她，说这得是多大的牺牲啊。我还感谢她的母亲，影响了芭贝特的决定。她妈妈回答说：‘啊，我什么也没做。芭贝特自己决定剪的，这是她第一次为了别人动自己的指甲。’”

诺里斯夫人威胁芭贝特了吗？她说“我不教指甲太长的学生”了吗？没有，她没有，她让芭贝特知道她的指甲是美丽的事物，要剪掉是一种牺牲。她暗示的是“我理解你的情感，并感同身受，我知道很难，但为了音乐才能的增长，这牺牲很值”。

亚瑟·盖茨博士在他的著作《教育心理学》中说：“人类普遍地渴求同情，孩子们会急切地显示他受伤的地方。有的甚至于故意将自己割伤、弄伤，以博得大人们的同情。其实，成人们也有类似的情形，他们会到处向人显示他的损伤，说出他们的意外事故、所患的疾病，特别是开刀手术后的经过。而这种‘自怜’，所急需的就是一剂同情的药方。”

▼

第十节　激发对方高尚的动机

我的故乡是密苏里州的一个小乡镇，附近有个卡梅镇，就是当年美国匪魁杰西·詹姆斯的故乡，我曾经去过卡梅镇，杰西的儿子还住在那里。

他的妻子告诉我，当年杰西如何抢劫银行、火车，然后把抢来的钱布施给贫穷的邻居，让他们去赎回典押出去的田地。

在杰西·贾姆斯的心目中，可能自以为他是个理想家，就像后来几代的黑帮教父达奇·舒尔茨、“双枪”克罗雷，还有阿尔·卡彭一样。事实确实如此，凡你所见到的人，甚至你照镜子时所看到的那个人，都会把自己看得很高尚，他对自己的估计，都希望是良好而不自私的。

正如银行家摩根在他的一篇文稿中所说：“人们做一件事，都有两种理由存在，一种是好听的，一种是真实的。”人们会时常想到那个真实的理由，因此不必过分强调它。而我们的内心都是理想主义，通常比较喜欢想好听的动机。所以，要改变一个人的意志，就要想方设法去激发对方高尚的动机。

那这种方法用在商业上是否不太现实呢？让我们来看看宾夕法尼亚州某房屋公司的一位弗利尔先生的例子：

弗利尔有一个不满意的房客，威胁要搬离他的公寓，但这房客的租约尚有四个月才期满，每个月的租金是55美元，可是他却声称立即就要搬，不管租约那回事。

弗利尔讲出这经过的时候，他说：“那个房客已经在这里住了一个冬季。我知道如果他们搬走了的话，在这个秋季前，这房子是不容易租出去的。我眼看220美元就要从我口袋飞走了，真叫人焦急。

“如果这件事发生在过去的话，我一定找那个房客让他把租约重念一遍，并向他指出，如果现在搬走，那四个月的租金仍需全部付清。

“可是，这次我采取了另外一种办法，我开始向他这样说：‘都先生，我听说你准备搬家，可是我不相信那是真的。我从多方面的经验来推断，看出你是一位说话有信用的人，而且我可以跟自己打赌，你就是这样的一个人。’

“这位房客静静地听着，没有做特殊的表示，我接着又说：‘将你所决定的事先暂时搁在一边，你不妨再考虑一下。从今天起到下个月一日应缴房租前，如果你还是决定要搬的话，我会答应你，接受你的要求。'

"我顿了顿，又接着说：'那时，我将承认自己的推断完全错误。不过，我还是相信，你是个讲话有信用的人，会遵守自己所立的合约。因为，到底我们是人还是猴子，那就在我们自己的选择了。'

"果然不出我所料，到了下个月这位先生自己主动来缴房租。他跟我说，这件事已跟他太太商量过，他们决定继续住下去。他们商量的结论是：最光荣的事，莫过于履行租约。"

其实，我们每个人在内心都把自己理想化，觉得自己是高尚的，喜欢把自己行为的动机赋予一种良好的解释。正因为如此，当我们想去改变他人时，一定要想方设法使之产生一种高尚的动机，这样才能让其遵照我们的意愿做事。需要注意的是，在激发一个人的高尚动机的过程中，一定要注意对语言的把控。

比如，当约翰·洛克菲勒想要阻止摄影记者拍他孩子的相片时，他想激起对方一个高尚的动机。因此，他没说："我不希望孩子的相片刊登出来。"他知道每一个人的内心都有不愿意伤害孩子的潜在欲念。所以，他换了个口气说："诸位，我相信你们之中有很多都是孩子们的爸爸，如果让孩子们成了新闻人物，那并不是适宜的。"

柯迪斯本来是缅因州一个贫苦人家的孩子，后来成为《星期六晚报》和《妇女之家杂志》的负责人，赚了几百万美元。他在创办之初，不能像别家的报纸、杂志一样，付出高价买稿子。他没有能力聘请国内第一流作家替他执笔撰稿，可是，他运用了人们高尚的动机。

例如，他会请《小妇人》的作家奥尔科特为他撰写稿子，当时是她声望最高的时候。柯迪斯所使用的方法很突出，是一般人所没有想到的。他签了一张100美元的支票，他没有把支票给奥尔科特，而是捐助给她最喜欢的一个慈善机构。可见，激发一个高尚的动机，确实是解决问题的一条捷径。

或许有人会怀疑，这种手法用在一部分人身上可能会有效。可是，如果用在那些欠账不还、不可理喻的人身上是不是一样有效呢？ 从下面这个例子中或许你会得到答案。

某家汽车公司有六个顾客拒付一笔修理费的账，他们并不是不承认这个账目，而是其中有些账写错了。可是每一项租车或是修理的账单上都有他们的亲笔签字，所以公司认为这些账是不会有错的。

下面是那家汽车公司信用部职员去索款时所采取的步骤，你看他们是不是会成功？首先，他们拜访每一位顾客，并且坦白地对他们说，他们是公司派来索取欠账的。其次，他们很清楚地表示，公司方面绝不会弄错，所有的错误都该是顾客负责的。再次，他们暗示，对于汽车方面的业务，显然公司要比顾客内行得多。所以，就不需要做那些无谓的争辩。最后的结果是他们争论起来。采取这些方法，能使顾客们心甘情愿付出钱来吗？显然不能。

事情闹到这种地步，那位汽车公司信用部主任应该派出一队“法律人才”去应付才是，幸亏这件事让总经理知道了。这位总经理查看那几位欠账主顾过去付账的记录，发现他们过去都是按时付款的。总经理发现这项资料后，相信错处一定是出在公司方面——收账的方法不对。所以，总经理把汤姆斯叫去，要他去收那些无法收到的“烂账”。

这是汤姆斯先生所采取的步骤。首先，他去拜访每一位顾客，同样他也去索取一笔积欠很久的账。可是，他对这些只字不提。他解释说，他是来调查一下公司对顾客的服务态度的。其次，他明白地表示，在尚未听完顾客所说的感想前，他不会发表任何意见。汤姆斯告诉他们说，公司方面也不是绝对没有错误的。接着，汤姆斯告诉他们，他只是关心他们的汽车，而他们对自己的汽车，相信比谁都了解，所以在这个问题上，先听从他们的意见。然后，汤姆斯让他们尽量宣泄他们的意见，汤姆斯静静地听着，对他们表示十分的同情。当然，这也是他们所希望的。最后，那些顾客似乎心情缓和下来了，汤姆斯让他们把这件事公平地想一想，当然汤姆斯想激发他们高尚的动机，所以汤姆斯这样说：

“首先，我也觉得这件事的处置并不适当，你已受到我们公司上次派来的代表的困扰、激怒，并且使你受到很多的不便。那是不应该发生的事，我感到很抱歉！我代表公司方面向你道歉。我听了你刚才所讲的话后，我不能不为你的忍耐和公正所感动。由于你的宽大胸襟，我才敢请你替我做点事情。而这件事对你来讲，会比任何人做得更好、更合适。同时，你也比别人更清楚这儿是我给你开的账单，请你细细查看一下，什么地方记错了，就像你是我们公司的总经理在查账一样，我请你全权做主，你说怎么样就怎么样。”

他有没有看账单？是的，当然他这样做了，而且显得十分高兴。这些账单的数目为150~400美元，款数大小不等。但顾客占到便宜了吗？是的，其中有一位顾客拒付这笔争执款项。可是另外那五位顾客都让公司方面占到了账款上的便宜。这件事最精彩的地方是，在以后的两年中，那几位顾客都买了他们公司的新汽车。

汤姆斯先生说：“经验告诉我，当你应付顾客不得要领时，最完善的办法是在你心里要先有这样一个观点存在——你要当那位顾客是恳切、诚实、可靠的，且他是极愿意付账的。一旦使他相信那账目是对的，他会毫不迟疑地乐意偿还。也就是说，人们都是诚实的，而且愿意履行他们该有的义务。

“像这类情形，例外的很少。我相信，如果真是有为难人的人，如果你使他感觉到你认为他是那么诚实、公道、正直，大多数时候，他也会给你像你所给他的同样反应。”

▼

第十一节　用戏剧化的方法打动人

戏剧化作为现实生活的调味剂，从来都是鼓动人心的绝佳方式。所以，生活中，在处理很多事的时候，我们都可以学习用戏剧化的方法去打动人，以此来促进事情圆满解决。

那是数年前的事，《费城晚报》遭受了恶意谣传的攻击。有人说那家晚报广告多于新闻，内容贫乏、缺少报道，这让读者感到非常不满，同时影响到该报的发行。于是这家晚报立即采取措施，设法阻止这项恶意谣传的渲染。

如何采取行动呢？这里就是他们所使用的方法：

这家晚报将一天中各项阅读资料剪下，再加以分类编成一本书，书名就叫《一天》。这本书竟有307页，和一本价值2美元的书的页数差不多，而该报只卖2美分。

这本书出版后，把《费城晚报》新闻资料丰富的事实具体地表现了出来，而这种做法比用图表、数目和空谈更有趣，更清楚，并予人深刻的印象。

从《费城晚报》受到攻击到证明其新闻资料的丰富性，他们只是换了一种戏剧化的方式——将一天中各项阅读资料剪下，再加以分类编成一本书，却使恶意的谣言不攻自破，并且给很多人留下了深刻的印象，足见这种戏剧化的方式在打动人心方面发挥着多么重要的作用。

柯特和考夫曼所著的《商业上的表演术》一书中，举了很多例子，说明如何增加一家公司的营业额。一家电气公司销售冰箱，为了证明冰箱在通电时毫无声响，请买主在冰箱边擦燃火柴，借着擦火柴的声音，证明他们的冰箱没有一丝声音。洛巴克帽子公司的营业项目上写着，有电影明星安苏珊签过名的帽子，每顶是1美元95美分。范尔巴把活动陈设窗停止后，为何会丢掉80%的观众。一家玩具公司，用了米老鼠的商标，如何使他由破产转为兴隆。克莱斯勒汽车公司，如何在一辆汽车上放下几头大象，证明他们出品的汽车是坚固、结实的。

纽约大学的巴顿和伯西，分析了15000个售货访问，他们写了一部书叫《怎样赢得一次辩论》。他们将其中的原则归纳成一篇演讲稿，叫《售货六原则》。接着再把这些原则拍成电影，又将这部电影在数百家大公司的营业部职员面前放映。他们还在各公共场所举行示范表演，指出售货时的正确和错误的方法。

现在是表演的时代，只是叙述其中的原理，还不能有具体的效果。这种原理需要生动、活泼，需要使它更有趣、更戏剧化，所以必须用有效的“表演术”。你也应有像电影和无线电那种表演的本领。电影明星这样做，无线电台这样传播，假如你想引起别人注意的话，你也应该这样做。那就是，尝试用戏剧化的方式打动人。

印第安纳州的玛丽·凯瑟琳·沃尔夫觉得工作出了问题，决定必须和老板聊聊。在一个周一的上午，她说想约老板见面，但老板说太忙了，这周跟秘书约一下吧。秘书的大意是：老板的日程很紧，但会努力把她安插进去。沃尔夫女士讲了发生的事情：“一整周我都没有收到秘书的回复。我一问她，她就给我解释老板不能见我的理由。周五早上到了，我还没得到明确答复。我真想在周末前见到他并聊完我的问题。所以我问自己：我怎样才能叫他见我呢？

“最后我是这样做的。我给他写了一封正式的信，信里说：我完全明白他整周都很忙，但我有很重要的事情要跟他说。在信的正文之外，我还附了一个收件人是沃尔夫女士的信封，里面有个格式单（上面写着：‘沃尔夫女士：我将能在____日上午/下午与你见面，我有____分钟与你谈话。’）让他填，请他回复或请秘书代劳转交给我。

"我在上午11点把这封信放进了他的信箱，下午2点，我检查了自己的信箱，里面有那封回给我的格式信。他亲自回复了我的信，说下午有10分钟的空档。我见了他，聊了一个多小时，解决了我的问题。

"如果我没有把事情'演'出来，把事实传递给他，也就是我真的需要见他，恐怕现在还在等他约我呢。"

《美国周刊》的波恩顿要做一篇很长的市场报告。他的公司替一家知名品牌的润肤霜，完成了一篇详细的研究。别家润肤霜制造厂商正在降低价格，准备跟他们竞争。这项事实，他必须要向该厂的主人说明。

波恩顿先生承认，第一次接洽算是失败了。

他说："我第一次进去，觉得自己走错了路，转到了那条无用的讨论调查的方法那条路上。他辩论，我也辩论，对方说是我错了，可是我尽力替自己证明，我并没有错误。最后，虽然我的理由占了优势，自己也觉得很满意，可是我的时间到了，会谈完了，我仍然没有获得效果。第二次，我没有去理会那些数目和各项资料，我把事实用戏剧的手法表演出来。

"我进入他的办公室时，他正忙着接电话。等他放下手里的电话筒，我就打开一个手提箱，拿出32瓶润肤霜，放到他桌上。他知道这些东西都是同行业的竞争品。每一个瓶子上，我都贴上一张纸条，上面写出所调查的结果。那些纸条上也简明地写上了该项商品过去的情形。

“结果如何呢？这次不再有辩论了，反而发生了新奇的事情。他拿起一瓶又一瓶的润肤霜来看标签上的说明。接着，友谊的谈话展开了，我们融洽地畅谈，他问了几个相关的问题，而且看得出他对此十分感兴趣。他本来只给我10分钟谈话的时间，可是10分钟过去了，接着是20分钟、40分钟，快到一个钟头的时候，我们还在谈。这次我所讲的跟上次一样，可是这次我把事实戏剧化，并运用了表演术，所得的结果自然与之前的一次截然不同。”

波恩顿先生之所以能够转败为胜，应该归功于他所运用的戏剧化的方式。虽然波恩顿先生所讲的内容跟上一次毫无二致，但是正是因为他将事实做了戏剧化的处理，所以最终打动了对方。从中可以看出，用戏剧化的方法去打动人，的确可以帮助事件向好的方面发展。

大家都知道，营销的最高境界就是抓心，所以在商业营销上，戏剧化的表演方法同样大有用武之地。

屈原在《天问》中写道：“师望在肆，昌何识？鼓刀扬声，后何喜？”讲的是姜子牙在铺子里卖肉时，有意把刀剁得叮当响，并高声吆喝招揽顾客的事。“鼓刀扬声”说明在古代商业表演术就已经开始萌芽了。如今，更是大行其道，各大商家纷纷采用类似戏剧化的方法进行销售，之所以会这样，是因为大家都了解这种戏剧化的方法最容易打动人。

负责超市系统的朋友肯定经常能看到售卖龙虾尾或扇贝等海鲜商品的促销员，在冰柜旁边演示焙制方法、展示焙制所用配料，现场还提供制作好的食物供顾客品尝。香喷喷的气味在卖场四处飘散，顾客蜂拥而至，效果非常好。一位在某超市售卖海鲜商品的人告诉我，配合这样的现场演示，她们公司在这个店一个月的销售额可达6~8万美元，是对面冷冻肉等生活必需品销量的2~3倍。

食品尚且如此，家电就更不例外，大到冰箱、音响、电视，小到蒸汽熨斗、榨汁机、迷你洗衣机等都有现场演示。我们稍加留意就能发现，这些商品共同的特性是：品牌知名度低、款型单一、单品较少等。如果单靠专柜销售很难打开市场，然而就是这样的商品月均零售额做到5万美元左右，旺季时甚至高达20多万美元。这样的销量不仅令我们瞠目结舌，就是一些国际知名品牌也难望其项背、自叹不如。而这一切，如果没有现场演示活动的配合是断断不能实现的。

另外，我们不得不承认，那些布置橱窗的专门人才，他们深知“戏剧化”的表演术有惊人的力量。所以，他们往往很精通利用表演术布置橱窗之中的门道。例如，有一家鼠药制造商替零售商布置了一个橱窗，里面放了两只活老鼠，以证实他那种鼠药的功效。果然，在这个星期内所售出的鼠药要比平时的销售量增加5倍。由此可见，运用戏剧化的表演术是商业销售中的“必杀技”，最容易打动人心，带动消费，增加营业额。

无论是人际交往，抑或是商业营销，运用戏剧化的方法无疑都是打动人心的最佳武器。一旦掌握了这种方法，你会发现一些让人头疼的问题都能够迎刃而解。

第十二节　激发对方的好胜心

在《三十六计》中，有一计为“激将法”，就是利用别人的自尊心和逆反心理积极的一面，以“刺激”的方式，激起对方不愿服输的情绪，激发对方的好胜心理，将其潜能发挥出来，从而得到不同寻常的说服效果。

“若不给自己设限，则人生中就没有限制你发挥的藩篱”，这是每一个渴望成功的人都该有的自信。但是每一个成功者都有一个开始，只有勇于开始，才能找到成功的路。所以，若想使这类人接受一项复杂且不易为常人所接受的工作时，最有效的方法就是触及他的自尊心，并恰到好处地运用激将法，激起对方的好胜心，这样才能让对方接受你发出的挑战，向你充分证明自己的才能。

在“激发对方的好胜心”这一点上，施瓦布做出了很好的表率。

施瓦布管理下的一家工厂的厂长无法使他管理的工人达到标准化的生产量。于是，施瓦布问那个厂长：“这到底是怎么回事？像你这样一个能干的人，竟不能使那些工人达到工厂预计的生产量？”

厂长回答说：“我也弄不清楚是怎么回事。我用温和的话鼓励他们，有时不得已去斥责他们，甚至用降职、撤职来恐吓他们，可是那些工人就是不肯辛勤工作。”

他们谈话的时候，是日班快结束夜班要开始之时。

施瓦布向那个厂长说：“你给我一支粉笔。”他拿了粉笔，走向近边的工人处，问其中一名工人：“你们这一班，今天完成了几个单位？”那位工人回答说：“6个。”

施瓦布听到这里，一字不说，就在地上写了一个大大的“6”字，便走了。

夜班的工人来接班，看到这个“6”字，就问是什么意思。

日班的工人说：“大老板刚才来这里，他问我们今天做了几个单位，我回答是6个，他就在地板上写了这个‘6’字。”

第二天早晨，施瓦布又去工厂，发现夜班工人已把“6”字拭去，改写上一个大大的“7”字。

这天，日班的工人看到地上已换上一个“7”字。他们感到夜班工人的工作效力比日班工人强。于是他们决心要比夜班工人有更好的工作表现，就热心、勤快地加紧他们的工作进度。那天，日班快要下班时，他们留下了个大得出奇的“10”字——情况也就这样渐渐好转过来了。

没过多久，这家原来生产量落后的工厂比公司里其他工厂的生产量都多。这是什么原因？施瓦布这样解释：“如果我们想要完成一件事，必须鼓励竞争，那并不是说争着去赚钱，而是要有一种胜过别人的欲望。”

施瓦布巧妙地利用人们的好胜心理，来激发员工的潜能，从而使这个工厂超额完成了生产指标。所以，一位成功的领导应善于激发员工的好胜心，因为这确实是振奋人们精神，使其接受挑战的可靠办法。好胜与挑战是人的天性，对于许多工作，只要你善于激励员工，他们一定会以最大的热情去干，并干好这些工作。确实如此，争强好胜的欲望加上挑战的心理，对一个有血气的人来说，无疑是一种最有效的激励方式。

如果没有这一种“激励”，激发罗斯福的好胜心，恐怕他不会进白宫坐上总统的宝座。这位勇敢的骑士，刚从古巴回来便被推举为纽约州州长的候选人。可是他的反对党指出罗斯福已经不是纽约州合法的居民，他知道这一情形后，内心十分恐慌，准备退出。

这个时候，党魁伯拉德便巧妙地运用了激将法，他转身向罗斯福大声地说：“难道圣胡安山的英雄，竟是这样一个弱者?”就因为这样一句话，罗斯福才有勇气挺身跟反对党对抗——后来种种的演变，历史上都有详细的记载。

因为罗斯福是一个血性十足之人，伯拉德对他的脾性也非常了解，才能巧妙利用激将法，将罗斯福的好胜心理激发出来，使之勇敢对抗反对党。这样不仅改变了罗斯福自己的人生，对美国的历史来讲也产生了极大的影响。

施瓦布和伯拉德知道“激发对方好胜心”具有极大的力量，同样的，艾尔·史密斯也知道。

鬼岛西端，有一座臭名昭著的兴格监狱。这座监狱没有狱长，里面凶狠的犯人恶言沸腾，随时可能发生危险。史密斯需要一位坚毅、勇敢的人去治理兴格监狱。可是谁能胜任这个职位呢？此时，他把纽海波顿的劳斯召来。

当劳斯站在他面前时，他愉快地说：“去照顾‘星星’如何？那里需要一个有经验的人!”

劳斯感到很窘迫。因为他知道兴格监狱的情形，那里十分危险，而且随时会受到政治变化的影响。去那里的狱长一再更换，从来没有一个能够做到三个星期的，他要考虑自己的终生事业。自己值得冒险吗?

史密斯见他犹疑不决的样子，微笑着说：“年轻人，我不会怪你感到害怕。是的，那边确实不是一个太平的地方，那是需要一个大人物、有才干的人才能有这份魄力去做的。”

史密斯在这里运用了一个激将法，激发了劳斯的好胜心，让劳斯的心中马上滋生起了一种想要尝试需要一个“大人物”的工作的意念。于是他去了，而且他在那里很长久地干了下去。结果，他成了兴格监狱最著名的一个狱长。让人想不到的是，这位兴格监狱狱长劳斯还完成了一部《星星两万年》的作品，一时洛阳纸贵，畅销全国，并且上了电台广播。另外，他在狱中生活的故事还被争相采用，拍成好多部电影，而且他对罪犯“人道化”的见解，后来带来了许多监狱改革的奇迹。

菲斯顿橡胶公司创办人菲斯顿，曾这样说过：“别以为用高额的薪金，就可以聚集人才，替我工作。只有竞争，才能发挥他们的工作效能。”确实如此，通过竞争能够激发出每一个人的好胜心，这是任何一个渴望成功的人都会喜爱的竞技。因为那是个表现他自己的机会，证明他的能力、价值胜过别人。也正因为这样，所以才形成了那些离奇古怪的竞技比赛，就像竞走比赛、猪叫比赛、吃馒头比赛等。不管怎样，这些竞技类的比赛，有一点很值得赞扬，那就是能够满足他们争强好胜的欲望。

所以说，不要以为只有用高额的薪金才可以聚集人才，其实恰当的时机运用激励措施，激发起对方的好胜心，同样能够促使对方充分发挥出他们的工作才能。只要满足了他们争强好胜的欲望，他们就会发挥出惊人的才干和力量。

其实，在人与人交往的过程中，激将法是一种很有力的口才技巧，只要运用得当，必能达到良好的效果。但要注意，在使用时要看清楚对象、环境及条件，不能随意滥用，否则只会适得其反。同时，在运用时还要注意掌握分寸，不能过急，也不能过缓。因为过急，欲速则不达；过缓，对方无动于衷，无法激起对方的自尊心和好胜心，也就达不到目的。

第四章　如何让对方接受你的批评和要求

▼

第一节　用赞美开始一段批评

常言道“良言一句三冬暖”，赞美是一种伟大的艺术，具有一种不可思议的推动力量。在人际交往过程中，赞美是最能打动人心的举措。在适当的时机，懂得赞美别人、恭维别人，是搞好人际关系的一种最有效的“润滑剂”。

人与人相处，产生摩擦的原因有很多，但主要是人们给予对方的责备太多、鼓励和赞美太少。伟大的心理学家史金纳用实验证实，当减少批评而多多鼓励和夸奖对方时，他所做的好事会增加，而不好的事会因受忽视而萎缩。所以，每个人都有值得称赞的地方，要试着找出他人的长处，适当鼓舞他人，即使对方犯了错，也请用赞美开始一段批评。先赞扬犯错者的优点，从犯错者的优点善意地转移到犯错者所犯的错，这是一个很好的策略，至少让犯错者容易接受，并乐于主动完善自己的缺点。

约翰·卡尔文·柯立芝，是美国的第30个总统。这位总统以少言寡语出名，常被人们称作“沉默的卡尔”，但他也有出人意料的时候。柯立芝有一位女秘书，长得很漂亮，但工作中却经常因为粗心而出错，柯立芝觉得有必要跟她说一下这个问题。

这天早晨，柯立芝看见秘书走进办公室，便对她说：“今天你穿的这身衣服真漂亮，正适合你这样年轻漂亮的小姐。”恐怕这是一向寡言的柯立芝总统在一生中赏赐给一位秘书的最动人的称赞了。但这确实有点不平常，是出乎意料的，因而，那位女子面红耳赤，不知所措。总统接着又说：“别难为情，我刚才的话是为使你感到高兴。从现在起，我希望你在公文的标点上要稍微注意一点。”果然从那天起，女秘书在处理公文时很少出错了。

柯立芝总统对那位女秘书的方法虽然稍嫌明显了些，可是所用的心理学却很是巧妙。因为当我们听到别人对我们的称赞后，如果再听到其他不愉快的话，就比较容易接受了。

一位朋友知道了这件事后，便问柯立芝：“你的这个方法很妙，你是怎么想出来的?”柯立芝得意洋洋地说：“这很简单，你看见过理发师给人刮胡子吗？他要先给人涂些肥皂水，为什么呀，就是为了刮起来使人不觉得痛。”

众所周知，理发师替人修面时会先敷上一层肥皂水，目的是起到清理、润滑还有保护的作用，否则很容易割伤皮肤。这正是柯立芝总统所提出的“肥皂水效应”：将批评夹在赞美中。将对他人的批评夹裹在前后肯定的话语之中，减少批评的负面效应，使被批评者愉快地接受对自己的批评。以赞美的形式巧妙地取代批评，以看似简捷的方式达到直接的目的。

生活中，一个人犯错后，被别人批评是件很痛苦的事，而批评人也绝对不是一件轻松的事，所以最好的办法就是学习理发师“修面先敷肥皂水”的做法，在批评对方前先进行赞美，以保护对方的自尊心，避免伤了对方的心而起到反作用。

除了柯立芝总统外，林肯在这方面也有过人之处。下面是林肯写的第二封最著名的信，这封信大约用了林肯5分钟时间，但在1926年公开拍卖的时候，它竟卖到了12000美元，那比林肯苦干50年所存的钱还要多。

这封信是林肯在内战最黑暗的时期，1862年4月26日写的。十八个月来，林肯的将领所带领的联军屡遭惨败。数千名兵士从军中逃脱，甚至有些参议院共和党议员都叛乱了，并强迫林肯退出白宫。林肯说：“我们现今正处在灭亡的边缘上，我看好像上帝都在反对我们，我几乎看不到一丝希望的曙光。”

这是一个黑暗、忧愁而紊乱的时期，而这封信就产生于这一时期。

我们来看看这封信的内容，看看林肯是如何改变一位将军，而且是在当战争的成败可能与这位将军的行动休戚相关的时候。恐怕这是林肯在做总统以后所写的最严厉的一封信了，但要注意，林肯在信中说到这位将军的严重错误之前，先称赞了他。

是的，那是一些严重的错误，但林肯没有这样说，而是用了更委婉、更富外交色彩的手段。信的内容如下：

我已经将你放在了军队的首位。当然，我这样做有充足的理由，但我想，你最好知道，有些事情，我对你并不是十分满意。

我相信你是一位智勇双全的将军，那当然是我喜欢的。我也相信你不会将政治和你的职务混淆，在这件事上，你是对的。你自信，那是一种有价值的，而且不可缺少的性格。

你有志气，这在相当的范围之内，是有益而无害的。但当我要柏恩赛将军带领军队的时候，你却出于个人的意志，竭力地阻挠他。在这件事上，你对国家，对一位战功显赫的同僚犯了一个很大的错误。

我曾听说，并且我也相信，你最近曾说军队和政府都需要一位领袖。当然不是因为这个，我才给你指挥权。

只有得到胜利的将领，才能成为领袖。我现在请求你的是：只有军事的胜利才能使我将指挥权冒险地给你。

政府会尽力地帮助你，同以往以及今后对于所有将领所给的帮助是一样的，不多也不少。我要尽力地帮助你改掉批评将领和不信任将领的做法。

当这种意识存于军队中时，不论是你还是拿破仑，都不可能从军队中得到什么益处。现在，要小心，不要匆忙，要尽力而不懈地努力前进，使我们获得胜利。

这封信隐含着非常严厉的谴责，但字面上却委婉诚恳、娓娓动听。试想，那位将军捧读此信的时候，怎能不发自内心地感动而甘愿效忠呢？

麦金利在1856年竞选总统时所采用的方法就运用到了这项原理。

共和党一位重要党员绞尽脑汁撰写了一篇演讲稿，他觉得自己写得非常成功。他很高兴地在麦金利的面前先把这篇演讲稿朗诵了一遍，他认为这是他的不朽之作。这篇演讲稿虽然有可取之处，但并不尽善尽美，麦金利听后感到并不合适，如果发表出去，可能会引来一场批评的风波。麦金利不愿辜负他的一番热忱，可是他又不能不说这个“不”字。于是，麦金利这样说：“我的朋友，这真是一篇很少见的精彩绝伦的演讲稿，我相信再也不会有人比你写得更好了。就许多场合来讲，这确实是一篇非常适用的演讲稿，可是，如果在某种特殊的场合，是不是也很适用呢？从你的立场来讲，那是非常合适、慎重的，可是我必须从党的立场来考虑这份演讲稿发表后所产生的影响。现在你回家去，按照我所特别提出的那几点，再撰写一篇，并送一份给我。”

他果然那样做了，麦金利用蓝笔把他的第二次草稿又加以修改，结果那位党员在那次竞选活动中成了最有力的助选员。

由此可见，用赞美开始一段批评远比直接谴责更有效。股神巴菲特在这一点上就做得相当好。当下属表现不佳时，巴菲特会告诉他：“你曾是其他人的表率，许多顾客对你赞不绝口。但你最近表现有点下滑，有什么我可以帮忙的吗？”以此，来让下属认识到自身的不足，从而不断改进。

其实，用赞美开始一段批评这种方法不止在领导和下属以及朋友之间才有效，在日常商业上也大有用武之地，我们现在以费城华克公司的高伍先生所经历的一件事为例。

华克公司在费城承包建造一座办公大厦，而且指定在某一天必须竣工完成。这项工程，每一件事进行得都非常顺利，眼看这座建筑物就快要完成了。突然，承包青铜装饰品的商人说他不能如期交货。什么？整个建筑工事都要停顿下来！不能如期完工，就要交付巨额的罚款！惨重的损失，都是因为那个承包青铜装饰品的商人。

一次次长途电话和激烈的争辩，都没有半点用处。于是高伍被派往纽约，找那个人当面交涉。

高伍走进这位经理的办公室，第一句话就这样说："你该知道，你的姓名在布鲁克林市中是绝无仅有的。"这位经理听到这话，感到非常惊讶、意外，他摇摇头说："不，我不知道。"

高伍说："今晨我下了火车，查电话簿找你的地址，发现布鲁克林市里只有你一个人叫这个名字。"

那位经理说："我从来没有注意过。"于是他很感兴趣地把电话簿拿来查看，果然一点也不错，真有这回事。然后他自己很骄傲地说："是的，这是个不常见到的姓名，我的祖先原籍是荷兰，搬来纽约已有两百年了。"接着就谈论起他的祖先和家世。

高伍见他把这件事谈完了，又找了个话题，赞美他拥有这样一家规模庞大的工厂。高伍说："这是我所见过的铜器工厂中最整洁、完善的一家。"

那位经理说："是的，我花去一生的精力经营这家工厂，我很引以为荣，你愿意参观我的工厂吗？"

参观的时候，高伍连连盛赞这家工厂的组织系统，且指出哪一方面要比别家工厂优良，同时也不时地赞许几种特殊的机器。这位经理告诉高伍，那几项机器是他自己发明的。而且他花了很长的时间来说明这类机器的使用方法和它的特殊功能。参观后，这位经理坚持请高伍一起吃午餐。有一点你必须记住，直到现在，高伍对于他这次的来意还只字未提。

午餐后，这位经理说：“现在，言归正传。当然，我知道你来这里的目的。可是想不到，我们见面后会谈得这样愉快。”他脸上带着笑容，接着说，“你可以先回费城，我保证你的订货会准时运送到你们那里，即使牺牲了别家生意我也是愿意的。”

高伍并没有提任何的要求，可是他的目的却很顺利地达到了。工程所需的那些材料全部如期运到，而那座建筑也没有受到任何的影响而竣工完成。在此过程中，高伍唯一做的就是赞美，用赞美替代了无谓的争辩和赤裸裸的批评，事情反而水到渠成了。

所以，如果你想不让对方难堪、反感，就改变一个人的意志，最好的方法是用赞美开始一段批评。

▼

第二节　委婉地指出对方的错误

在与人沟通交流的过程中，经常会出现一种不可避免的情况，就是当别人犯错误时，我们必须要指出对方的错误所在，如此，如果不能很好地与对方进行沟通，往往会发生矛盾，引起争执，导致互相指责、争吵，甚至可能会升级为肢体冲突。如果能与对方友善且有效地沟通，不仅可以解决问题，避免冲突，还可以让彼此的关系更加密切。

当你发现对方犯了一个很明显的错误时，为了使对方能够尽快地改正，于是你好心地对他说："看，约翰，你刚才说的有这样一个错误……"你满以为他会感激你，但是结果却让你很意外，甚至让你感到不可理喻。他坚决不肯承认自己犯了错误，而且还跟你辩论不休，更不用说感激你了。为什么会这样？因为虽然你的初心是好的，但是你的方法不对。直接指出别人的错误，对对方来说会让他的自尊心受挫，反而不容易让对方接受你的建议。

相信很多人都有过类似的经历和感触：当你找出一条理由来指出对方的错误时，对方往往会找出十条理由来反驳你。这似乎是很多人的通病，面对别人的指责，第一反应就是辩解。所以，当发现别人的错误时，一定要委婉地指出来，给对方一个台阶下，千万不要让对方产生抗拒承认错误的心理，更不要让对方觉得你是在以指出他的错误为乐。

许多人在真诚的赞美之后，喜欢拐弯抹角地加上“但是”两个字，然后再开始一连串的批评。例如，有的人想改变孩子漫不经心的学习态度，很可能会这样说：“杰克，你这次的成绩进步了，我们很高兴。但是，如果你能多加强一下代数，那就更好了。”

在这个例子中，原本受到鼓舞的杰克，在听到“但是”两个字之后，很可能会怀疑原来的赞美之词。对他而言，赞美通常是引向批评的前奏。这样做，不但使赞美的真实性大打折扣，对杰克的学习态度也不会有什么帮助。

如果我们改变一两个字，情形就会大为改观。我们可以这样说：“杰克，这次你的成绩进步了，我们很高兴。如果你在数学方面能继续努力的话，那下次一定会跟其他科目一样好。”

如果这样说，杰克一定会接受这番赞美，因为后面没有附加的转折。因为我们间接地提醒了他应该改进的注意事项，他懂得该如何改进以达到我们的期望。

试想一下，当别人指出自己的错误，尤其是直截了当地指出的时候，你是否有些受不了？确实，每个人面对批评和指责时，心里都不会好受。他会因此而产生一种让人觉得不可思议的强大的力量，正是这种力量迫使他拒绝接受你的批评或指正。心理学家指出，这种强大的力量中有很大一部分是自我认同感在起作用，当自己所相信的东西被怀疑或否定之后，每个人都会产生一种焦虑。结果往往是，他会本能地拒绝承认自己的错误，即使他认为你说的是对的。所以，面对这类情况，比较好的办法莫过于用平和的语气委婉地指出对方的错误，只要我们肯换一种委婉的表达方式，相信一定能够轻易地达到我们的目的。

一天，查尔斯·施瓦布经过自己的钢铁厂的时候，撞见几个工人正围在一起抽烟。而在那些工人头顶的墙上正悬着“禁止吸烟”的牌子。相信在这种情况下，很多人会把那块“禁止吸烟”的牌子指给他们看。但是这么做难免会让对方感到难堪，并对此心怀怨恨。而查尔斯·施瓦布只是不动声色地走上前去，发给他们每人一支雪茄，并对他们说：“我们到外面抽去。”这些工人瞬间认识到了自己的错误，对他说："啊，我们忘记公司禁止吸烟的规定了。请你原谅。"然后赶忙回到各自的工作岗位上去了。当然，我们能够体会到他们心里的那种复杂的感觉：既为犯了错误而感到自责，又为没有受到惩罚或指责而感到庆幸，同时对施瓦布先生也越发尊敬。我想，他们以后一定不会犯同样的错误了。

由此可见，当你想要说服一些人让他明白自己的错误时，没有必要直接指出来，因为那样做可能会导致互相指责，甚至是争吵。施瓦布通过委婉的做法，不仅有效避免了争吵，而且让工人们主动承认了错误，实在是非常高明。

我相信，直接指出对方的错误，实际上就是在批评对方。任何人都不喜欢被他人批评，即使他明白自己确实做错了。但是人们却经常做这样的蠢事。实践证明，间接地指出对方的错误，是十分正确的。采用温和的语气，间接地指出别人的错误，这样就不会引起对方的反感。确实，我们只要在指出对方错误的同时，注意维护对方的自尊，就很容易收到好的效果。这是十分符合人的本性的，正因为我们没有办法改变人性的弱点，所以只有使自己所做的事情符合人性。

那些聪明的人总是会想方设法这么去做，因为他们知道这样做的效果比直接指出对方的错误要好得多。而玛姬·贾可布太太在处理一些令人烦心的事情的时候，所用的委婉的方法既聪明又实用，大家同样可以学习借鉴。

玛姬·贾可布太太请了几位技术非常好的工人加盖房子。刚开始的几天，工人们总是把院子弄得乱七八糟，到处都是木屑。一次，等他们结束了一天的工作后，聪明的贾可布太太不露声色地叫来她的孩子们，和他们一起把木屑处理干净，堆到院子的角落里。第二天，工人们来的时候，她非常高兴地对工人们说:“你们昨天把院子打扫干净了，我非常高兴。老实说，这简直比我们以前的院子还要干净。”听到这些话后，那些工人十分高兴，以后都把木屑堆在了院子的角落。

或许，这就是委婉地指出别人错误的魅力。玛姬·贾可布太太的聪明之处就是不露声色地让对方意识到自己的错误，而不是直截了当地加以指责，这样做不仅不会引起对方的反感，而且轻而易举地就让工人们把事情做得更加尽善尽美。

不难想象，一些大公司或者机构的上层人物一般人通常很难见到，其中的部分原因固然是他们很忙，但是那些下属的“过滤”也是一个重要的原因：他们不愿意他们的上司被打扰，因此会主动帮上司挡掉许多看起来不那么重要的客人。其实，这样做对那些上层人物来说不一定是好事。卡尔·佛朗在当佛罗里达州奥兰多市的市长的时候，他奉行的是“门户开放”政策。当时他规定，市民如果有事的话可以直接来见他。但是，那些造访的市民却常常被工作人员挡在门外。后来，为了圆满地解决这个问题，聪明的市长想出了一个高招儿，他叫人把他办公室的门给拆了。这样，他相当于在委婉地告诉工作人员不要再阻挡那些造访者了。

另外，在委婉地指出对方的错误这件事情上，范纳梅克也为我们提供了一个很好的范本：范纳梅克每天都会去他的百货公司，有一次，他看到一位女客人站在柜台外面等着买东西，可是就是没有人去招呼她。原来售货员都聚到柜台远处，在谈着笑着，并未注意到这位女顾客。见此情景，范纳梅克一声不响地走去柜台里端，自己招呼起那位女顾客。然后，他把成交的货物交给售货员去包装，而他自己就悄悄地走开了。

卡尔·佛朗和范纳梅克面对工作人员的失误，其做法都是通过自己的实际行动委婉地让他们意识到自己的错误，相信工作人员一定能够明白这份苦心，心存感激，从而改正错误，加倍尽职尽责地工作。

可见，当我们要劝阻别人做一件事情的时候，一定要躲开正面的批评。对人正面的批评，那会毁损了他的自尊，激起他内心的抵抗情绪。我们不妨尝试用温和的语气，委婉地、旁敲侧击地去暗示对方，一旦对方知道你的用心良苦，他不但会心甘情愿接受你的批评或建议，而且还会感激你。

▼

第三节 批评对方前先反思自己

在人际交往过程中，难免会遇到不得不批评别人的情况，但其实批评是一件“吃力不讨好的事”，倘若处理不好，很有可能会伤害到对方的自尊心，并激起对方的反抗情绪，引起对方的嫉恨。这样的批评不仅会伤害彼此之间的情感，同时所批评指责的事情也不会有任何改善。

这个世界上，没有人会喜欢被别人批评。但为了使别人认识到自己的错误、改正错误，我们在向别人提出批评的时候，不妨注意方式方法。在批评别人之前，我们要先学会反思自己——看看自己是否也犯过和别人类似的错误，在这件事情上如果换成是自己，是否会比当事人做得更好。通过这种“反思自己，以己及人”的方式进行批评和指正，则更容易让对方接受，并及时改正错误。

说到这里，突然想起一个故事：话说有一天，美国亚拉巴马州的红石军工厂正在举行阅兵仪式，检阅官是一位向来以严厉著称的上校。

这阅兵仪式进行得很顺利，上校的眼睛就犹如鹰眼一般锐利，在扫视着队列。突然间，他好像发现了什么，就径直走到一个士兵面前，将士兵上下打量了一番，然后严厉地命令说："把口袋上的扣子扣好！"

这士兵显得非常慌张，结结巴巴地问："是现在吗？长官？"

上校说："当然，马上！"于是，士兵小心翼翼地伸出手，把上校衬衫口袋的扣子给扣上了。

原来上校一眼就看出年轻士兵没有把扣子扣好，但是却丝毫没有留意到自己的制服也有同样的问题。

很多时候很多人就是这样，在看待别人缺点的时候好像鹰眼一样锐利，但对于自己的缺点，却好像是瞎子一样地看不见。试想一下，如果这样，那么批评别人的时候不就成了笑话吗？所以，在批评别人前，一定要先反思一下自己。

几年前，我的侄女约瑟芬离开了她在堪萨斯城的家，来到纽约做我的秘书。她当时只有19岁，3年前从中学毕业，她当时的办事经验几乎等于零，尽管她现在已经是苏伊士运河西岸最优秀的秘书。而在当初，她是可以被改进的。

有一天，在我批评她的时候，我对自己说："且等一等，戴尔·卡耐基，且等一等。你的岁数要比约瑟芬大一倍，你有比她多一万倍的办事经验，你怎能希望她有像你一样的观点、判断和自觉呢？虽然这些很平庸。等一等，戴尔，在19岁的时候，你在做什么？记得你犯过愚蠢的错误吗？记得你做这个、那个的时候吗？"

当我真诚而公平地想过这件事以后，我得出结论：约瑟芬19岁的平均能力，比我同年龄的时候要好，而这句话，我很惭愧地承认，并不是对约瑟芬的恭维。

从那以后，当我想让约瑟芬注意一个错误的时候，我常常是这样开始的，我说："约瑟芬，你做错了一件事，但天知道，这件事没有我犯的许多错误严重。你不是生来就具有判断力的，一切都是由经验而来。你比我在你同样岁数时要好多了，我也曾犯过许多愚蠢不堪的错误，我绝对不愿意批评你或其他任何人。但如果你如此、如此做，你想是不是更聪明呢？"

一个人即使尚未改正他的错误，但只要他承认自己的错误，就能帮助另一个人改变他的行为。马里兰州提蒙尼姆的克劳伦斯·周哈辛深知这一道理，所以他在处理儿子抽烟这件事情上表现出了较高的智慧。

有一次，他发现自己15岁的儿子正在学抽烟，但他并不想让儿子抽烟。他说："的确，我打心眼里不想让大卫抽烟。但是我和我妻子都在抽烟，所以，我们无法起到以身示范的作用。因此，我并没有告诉大卫不能抽烟，也没有吓唬他说抽烟对身体的危害性多么大。我只是给他讲了我自己是如何沾染上烟瘾的，让大卫知道刚开始的时候我也只是和他一样觉得好奇或者是有趣，但最终我上了瘾，因此而危害了自己的健康。”大卫听过之后，沉思片刻，他告诉我他决定在上完高中前不再抽烟了。事实证明，直到现在，他都没有再抽烟。

假如这位父亲像其他大多数父亲一样，面对儿子抽烟的事实，极尽恐吓之能事加以劝阻，我想作为当事人的儿子会很难接受，毕竟父母都没有起到很好的示范作用，所以，势必会激起他的反驳。其实，事情就是这样，假如你能够像克劳伦斯·周哈辛一样，在批评别人之前先反思自己，指出自己在同样一件事情上所犯过的错误，那么对方就会认真考虑你所说的话，并且很容易就能够采纳你的建议。

加拿大的一位工程师狄里史东面对自己秘书的失误，也用到了“批评对方前先反思自己”的方式。狄里史东的秘书把口述的信打好了，送给他签名，他发现他的秘书每页总会有两三个词拼错。狄里史东先生本想对其进行一番批评，但是这次他并没有这么做。

当下一封信送来的时候，上面仍有一些错误，于是狄里史东先生就跟他的秘书一起坐下，对她说：“不知怎么了，这个词看起来总是不对劲，这个词我也常常不会写。所以我才写了这本拼词本。(他打开了小笔记本，翻到那一页)对啦，这就是了。现在我对拼词比较留心，因为别人会以拼错词来评断我们够不够职业水准。”从那次谈话后，他的秘书拼错词的次数确实少多了。

面对秘书的一再失误，狄里史东先生的做法并不是给予一通赤裸裸的批评，而是从自身出发，反思自己也很容易犯类似的错误，并给出自己的解决办法以此来让秘书认识到自己的错误。事实证明，狄里史东先生批评对方前先反思自己的做法确实收到了很好的效果，他的秘书很容易就接受了他的批评，并努力进行了改正。

忠言逆耳，良药苦口，自古已然。反观生活中的批评之所以被人拒绝，一般出于两种原因：其一是批评者不了解当事人的处境和造成错误的原因，使当事者感到委屈；其二是批评者采用了权威性的立场，暗示当事人行为的“笨拙”或“愚昧”性质，引起了当事人的反感。所以，批评要讲究方式方法，而这一点，对于批评方来说是十分必要的，如果能够在批评对方前先反思一下自己，这样对方会觉得你的态度是诚恳的，你给出的意见和建议是中肯的，别人才会更乐于接受。

第四节　用请求替代命令

请求和命令是两种截然不同的说话方式，在与他人沟通交流的过程中，用请求的语气沟通往往会比用命令的语气沟通，所达到的效果要好得多。

当我们用命令的语气对待对方时，往往会得到适得其反的效果，而这并不是我们所愿意看到的，因为它将严重地破坏人与人之间的关系。那么，为何不用温和的请求替代强硬的命令呢？比如怕宝宝摔倒想让他跑慢些，与其命令似的说："跑慢点！"倒不如温和地请求："宝贝，咱们跑慢一些好吗？"

其实，用请求而不是命令的语气，有很多不可思议的地方，一旦你发现了这些好处，你就会慢慢地养成请求的习惯。比如，你说："我真的希望在中午之前拿到这份文件的复印件，你能帮我吗?”如果没有别的原因，对方会非常愉快地回答：“没问题!”当你打算要对方给你打电话的时候，如果你说：“希望你给我回个电话!”这样说虽然礼貌，但是却带有命令的口气。你不妨说：“如果你给我回个电话的话，我会非常高兴的。”

不过，有一点需要注意的是，只有在相互尊重的基础上请求而不是命令，才能使交流顺畅进行，使事情顺利解决。或许汤姆森正是领悟了这一点，所以他才能够解决别人解决不了的问题。

在我跟美国名传记作家埃达·塔贝尔女士讨论到与人相处的重要问题时，她告诉我，当她撰写欧文·扬传记的时候，曾访问过一位跟欧文·扬先生同在一间办公室三年的人。那个人说，在这三年的长时间中，他从没有听到欧文·扬向任何一个人说出一句直接命令的话。欧文·扬的措辞，始终是建议、请求，而不是命令。例如，欧文·扬从没有说过“做这个，做那个”，或者是“别做这个，别做那个”。他会说“你可以考虑一下这件事”或“你觉得那么做会不会有效”。当他拟完一封信稿后，经常会这样问：“你觉得怎么样?”当他看过助理写的一封信后，他会这样说：“也许我们这样措辞，会比较好一点。”他绝不会告诉他的助手应该怎样去做，而是让他们从错误中去学习经验。他总是那么善于请求对方而不是命令对方，从而为对方提供自己主动去做事的机会。

像欧文·扬的这种用请求替换命令的方法，能够使人很容易改正他原来的错误。这样做，不仅可以保护对方的自尊心免于受挫，而且可以发挥对方的主观能动性，从而优化、完善工作内容；既容易取得对方的真诚合作，也不会使对方有任何的反抗或是拒绝的情绪。

一个粗鲁的命令会引起憎恨，久久不散，即使这个命令的目的是纠正明显错误的局面。丹·圣雷利在宾夕法尼亚州一所职业学校担任教师，他在我的班上讲了一件事。

一个学生违章停车，挡住了学校商店门口的路。于是，一位教师气冲冲地走进教室，傲慢地问："谁的车把路挡住了？"车主回应后，这位教师大声叫嚷道："挪开，马上挪开！不然我马上叫拖车把你的车拖走。"

学生确实是做错了，他不应该把车停在那儿。但是从那天起，不仅这名学生记恨这位教师，教室里其他同学也开始处处跟这位教师较劲，搞得他的工作非常不顺利。

如果他能换一种处理方式，那结果又会如何呢？如果他柔和地问："谁的车挡住路了？"然后建议车主把车挪一挪，方便其他车辆开进来，那名学生一定会心甘情愿地去挪车的，而班上其他人也不会讨厌他，处处跟他作对了。

使用问句，不仅能使命令更容易被对方接受，还能提高对方的执行力。如果对方参与了决策的过程，他会更加乐意付诸实践。

普通的人际关系如此，上下级之间也是一样，想要吩咐别人做什么事时，询问的方法永远好过直接下命令。

南非约翰内斯堡有一家小工厂专门制造精密机器零件。伊安·麦克唐纳是这家工厂的总经理。一次，有人想向他们订购一大批零件，但要麦克唐纳确定能如期交货。工厂的进度早已经安排好，要在短时间内赶出一大批货，连麦克唐纳也不敢确定能否如此。麦克唐纳没有催促工人赶工，他召集所有员工，详细地对大家说明了事情原委，便开始提出问题：

“我们有什么办法可以处理订货?”“有没有什么办法可以调换一下时间或分配工作，以加快生产速度?”

员工们纷纷发表自己的看法，并且都坚持接下订单。他们用“我们可以做到”的态度来处理问题，并且如期完成了订货。麦克巧妙地用向工人们“请教”的方式来代替对他们发号施令，使命令下得不着痕迹，最终达到了自己的目的。

很多时候就是这样，你总是使用强硬的语气命令别人去做事，别人也会回以强硬的语气和态度，反而不利于事情的解决。要养成多用请求替代命令的好习惯。比如，不要说“不要那么做”，应该说“我觉得这样做不是很好”；不要说“我不喜欢你去做”，应该说“你不介意我让别人去做吧”。毕竟，请求比命令更容易被对方所接受。

“吃软不吃硬”几乎是每个人身上都带着的特点，倘若你总是以一副领导者姿态自居，用老大的口吻说“你去给我做什么”“你必须怎样”等，即使他们当时听取了你的话，接受了你的指派或领导，但不一定就是心服口服对你有所好感。没有人爱听命令，即便你真的是他的上司或领导，有权力说服他必须去做什么，但却更容易失去一个下属对你的尊敬和信任。但是，如果你能切身地转换一下角度，转换一下语气，适当地体谅一下别人的感受，凡事以商议，给对方留有余地的方式提出建议或想法，他们会因为你对之付出的这份尊重而乐意多考虑你的建议，并对你的人品有所称赞。

▼

第五节　巧妙地给对方留足面子

在与人交往的过程中，即使对方犯了错，而我们是对的，如果没有为对方保留面子，也可能会因此而毁了一个人。所以，当你想要说服一个人的时候，就必须学会在帮助对方认识并改正错误的同时，还要巧妙地为对方保全面子，只有这样，才能让对方甘愿接受并改正错误。

很多人试图令他人改正错误或者做某件事情的时候，都会因直接的言辞伤害到对方，最终对方不仅没有按自己所想的去做，还会对自己产生非常强烈的反感。这是为什么呢？因为我们不懂得维护他人的面子。世上所有人都有的一个心理效应，就是注重自己的面子，因为那代表着尊严和地位。试想，如果我们将他人的尊严和地位踩在了脚下，那么他人还能友善地对待我们吗？在社交过程中，人们会遇到形形色色的人，虽然不要求你去喜欢他们中的每个人，但至少也应学会巧妙地给他人留足面子，因为这样有助于事情圆满解决。

我要告诉大家的是：“几句体谅的话，对他人表示宽大的理解，都可以减少对别人的伤害，保住他的面子。”如果我们对他人施加影响的时候，也用上这种策略，效果就会好得多。

数年前，美国通用电气公司遇到一个很不容易应付的事，就是他们打算撤去查理·斯坦梅茨的部门主管职位。

对于电学方面的学识，查理·斯坦梅茨可以算得上是位一等的人才。可是，他无法胜任核算部门的管理职责。由于查理·斯坦梅茨是电学方面不可多得的人才，所以公司在撤职这件事儿上不敢得罪他。于是，公司特别为他量身定做了一个新头衔，请他担任通用电气公司顾问工程师，部门主管的职位另由他人接手。

这样一来，查理·斯坦梅茨很高兴，通用电气公司的主管人员也很满意。因为他们在平和的气氛中，调动了一位有怪癖的高级职员，而他们之间并没有发生任何不愉快的事。这件事件圆满解决的关键就在于，他们巧妙地给查理·斯坦梅茨留足了面子。

由此可见，为别人留足面子是多么重要，这样做能够很好地保护别人的尊严，避免发生不愉快的事情。但是这一点却往往被我们置于脑后，我们践踏他人的面子，横冲直撞，当面责骂孩子或员工，根本不考虑对别人自尊的伤害。

已故的马洛先生，就有一种奇妙的才能，他的才能可以专门用来劝解两个水火不兼容的生死仇家。他是如何做的呢？他通常都会很仔细地找出双方都有理的事实，对于这一点儿他加以赞许，直到双方满意为止，并且不论最后如何解决，他决不说任何一方有错，为的就是给双方留足面子，避免激化矛盾。

其实，只要真诚地抱着理解他人的态度，花上几分钟时间斟酌一下自己的语言，就可以在很大程度上化解尖锐的矛盾。

会计师马歇尔·格雷琪在给我的一封信中写道："开除员工一点也不好受，被开除当然更不好受。

"我负责的业务都是季节性的，所以每年的三月，我都需要辞退一批雇员。在我们这一行业中，有一句俗话：'没有人愿意动斧头。'结果，就形成一种习惯，越迅速解决越好。在我解聘一位雇员时，总是会这样说：'请坐，现在季节已过，我们似乎已没有什么工作给你做了。当然，我相信你事前也知道，我们只是在忙不过来的时候才请你们来帮忙。'

"我所讲的这些话，给这些人传递的是一种失望，一种被人辞退的感觉，丝毫没有顾及他们的面子。毕竟他们当中多数人是终身在会计行业中讨生活的，所以他们对这些草率辞退他们的机构并不是特别的喜爱。

“最近，当我要辞退那些额外雇员时，就稍微用上了一点手腕，在做法上给他们留足了面子。我把每人在这一季中的工作成绩细看过之后才召见他们，并对他们说：‘你这一季的工作成绩很好。上一次，我派你到纽瓦克城办的那件事，的确很难，但是你却办得有声有色，公司有你这样的人才实在幸运。你很能干，你的前途非常远大，无论到什么地方都会有人欢迎你的。公司很相信你，也很感激你，希望你有空常来玩！’

“结果，这些被辞退的人，心情似乎舒服多了，他们不再觉得是受了委屈。他们知道以后如果这里再有工作时，还会请他们来的。当我们第二季又请他们来时，他们对我们这家公司也会有更加亲切的感觉。”

可见，每个人都很要“面子”，都需要被尊重，只要你给足他们面子，他们就会很乐意接受你的建议或做法。

宾夕法尼亚州的弗雷德·克拉克谈到了发生在他们公司的一次冲突：

“有一次开生产会议的时候，一个副总裁就某个生产环节的问题向生产总监提出了质疑，他的语气咄咄逼人，想要对这位生产总监兴师问罪。总监闪烁其词，不想在同事面前难堪。这让副总裁暴跳如雷，严厉责备总监，骂他撒谎。

“他们之间良好的关系被这次冲突给毁了。这个总监原本是一个非常好的员工，就因为这件事，他从此无法再安心工作，再也得不到重用。几个月后，他辞职了，去了竞争对手公司工作，我听说他在那儿做得不错。”

我的另一位学生安娜·玛桑也谈到过类似的事情。但因处理方法不同，结果也大相径庭。

玛桑小姐在一家食品包装公司当市场调查员，她刚接下第一份差事——为一项新产品做市场调查。她说道：“当结果出来的时候，我几乎崩溃，由于计划工作的一系列错误，整个结果当然完全错误，必须从头再来。更糟的是，报告会议即将开始，我已经没有时间同老板商量这件事了。”

“当他们要求我作报告的时候，我尽量使自已不哭出来，免得又惹得大家嘲笑，但我吓得发抖。因为太过于情绪化了，我简短地说明了一下情形，并表示要重新改正过来，以便在下次会议时提出。坐下后，我等待老板大发雷霆。

“出乎意料的是，老板先感谢我工作勤奋，并表示新差事难免会发生错误。他相信新的调查一定会正确无误，会对公司有很大助益。

他在众人面前肯定我，相信我已尽了力，并说我缺少的是经验，而非能力。

“我于是挺直胸膛离开会场，并下定决心不再有第二次这种情形发生。”

由此可见，无论什么时候，无论发生什么事，都不要轻易去批评、指责别人，要知道只有巧妙地顾及别人的面子，才能让对方更好地意识到自己的错误，才能使问题解决得更为顺利。纵使他人犯了错，而我们是对的，如果没有为他人保留面子，也会毁了一个人。

世界上真正伟大的人物，他们不会只注意自己某方面的成就。例如有这样一件事情：经过数百年的敌对仇视，土耳其人在1922年，决定要把希腊人驱逐出境。

土耳其总统凯末尔对士兵说：“你们的目的地，就是地中海。”就是这样一句话，一次近代史上最激烈的战争开始了，这场战争的结果是土耳其获胜。当希腊的两位将军铁考彼斯和狄阿尼向凯末尔请降时，沿途受到土耳其民众的辱骂。

可是，凯末尔并没有以胜利者自居，而是显现出一副谦恭的姿态。他握着他们的手说：“两位请坐，你们一定感到疲倦了！”凯末尔谈过战争情况后，为了减少他们心理上的苦痛，就说：“战争就像一场竞技比赛，有时候高手也会遭遇到失败的。”

其实，人与人之间需要一种平衡，就像大自然需要平衡一样。不尊重他人感情的人，最终只会引起他人的讨厌和憎恨。因为如果你不懂得适时地为他人保留面子，那么他人就会觉得自己没有得到你的尊重，从而就不会对你有什么好印象，甚至还会讨厌你、憎恨你。一句或两句体谅的话，对他人宽容一点，这些都可以减少对别人的伤害，保全他的面子。

▼

第六节　称赞对方的每一个小进步

生活中，一个人进步巨大的时候并不常见，所以，当你发现一个人有了进步之后，一定要不失时机地进行鼓励，即使是最细微的进步，也值得被称赞，因为每一个小进步都是将他塑造成巨人的基石。或许，你的一句称赞，就能成为别人登上金字塔尖的不竭动力。

彼得·巴洛是我的老朋友了，他对狗和马的性情很了解，他把他毕生的精力都用在了马戏团上。我喜欢看他训练新狗做游戏。我清楚地注意到，一旦那条狗在动作上稍有进步时，巴洛都会拍拍它，称赞它，还会给它肉吃。

或许这不是什么新鲜的事，但是让我感到奇怪的是，当我们想改变一个人的意志时，为什么不用训练狗那样的技巧呢？我们为什么不用肉来替代皮鞭呢？也就是说，为什么不用称赞来替代责备呢？即使只有微不足道的进步，我们也要及时地进行称赞，因为这样可以鼓励对方朝着更好的方向努力，从而继续取得进步。

心理学家杰斯·莱尔在《宝贝，我一无所有，我拥有的全部就是我自己》中写道："赞扬就像阳光，可以温暖人的精神，没有它，我们就无法开花成长。但大部分人都急于对别人施加批评的寒风，我们总是拒绝给我们周围的人暖阳般的夸赞。"

我写这本书的时候，接到兴格监狱劳斯狱长的一封信，他在信上这样说："我发现对于犯人们的勤劳，如果加以适度的夸奖，要比严厉的惩罚、责备他们的过失，更能得到他们的合作，更能促进他们恢复人格。"对此，我深信不疑。假如我们愿意鼓励每一个我们所接触的人，使他们认识并挖掘自己所拥有的内在宝藏，那么，我相信不仅可以使他本人脱胎换骨，而且可以影响到更多的人。

有一个年轻人在一家店铺里工作，他每天早晨五点钟就要起来打扫店铺，一天做14个小时的苦工。这样经过了两年，年轻人实在忍受不下去了。某天早晨，他等不及吃早餐，一口气走了15里路，去找他替人做管家的母亲商谈。

他像是疯了似的向他母亲哭着哀求，他赌咒再也不回那家店铺工作了。如果他必须再留在那店中，他就要自杀。他写了一封很长而悲惨的信给他的老校长，说他的心已破碎，不想再活下去了。他的老校长给了他一些赞美，说他是个聪明的年轻人，应该找一份更适合他去做的工作，然后给了他一个教员的职位。

这个称赞改变了那位年轻人的将来，并在英国文学史上留下一个无法磨灭的印记。因为这位年轻人从此以后写了77本书，用他的笔赚了100多万美元。或许你知道他是谁了，他就是英国史学家赫伯特·乔治·威尔斯。

你这一生中，是否也遇到过同样的情形？但是纵观历史，有关称赞给人神奇力量的例证，真是不胜枚举。

50年前，有个10岁的孩子在那不勒斯一家工厂里做工，他从小就怀着一个理想，希望将来成为一个歌唱家。可是，他的第一位老师就给了他一个沉重的打击。那位老师说："你不能唱歌，你的嗓子不好，发出来的声音实在太难听了。"

他的母亲是一个贫苦的农家妇女，她拥抱着自己的孩子，不断地称赞他。她告诉自己的儿子，说他能唱歌，她已经看出他在进步了。母亲光着脚去做工，为的是省下钱来给儿子支付音乐班的学费。正是因为这位农家母亲一直鼓励自己的儿子，称赞自己儿子的每一个小进步，最终改变了这个孩子的一生。你也许曾听过这孩子的名字，他就是当代一位杰出的歌王卡鲁索。

1922年，加利福尼亚有个年轻人，他非常贫困，连照顾妻子的生活都非常困难。星期天他会去教会唱诗班卖唱，而且偶尔在别人的婚礼上唱歌，也可以赚5美元。他实在太穷了，没有能力住在城里，所以他在乡下一座葡萄园里租了一间破旧的房子，每月租金只有12.5美元。

他住的房子，虽然租金非常便宜，可是还是无法负担，使他拖欠了10个月的租金。于是，他不得不在葡萄园中做摘葡萄的工作，以偿还租金。他后来告诉我，那时，他在不得已的情形下，穷得没有东西吃时，就拿葡萄来填饱肚子。

失望之余，他几乎想放弃歌唱这份事业，去推销载重汽车谋生。就在这时，一位牧师称赞了他，牧师对他说："你的嗓音颇有发展的可能，你应该到纽约去深造。"

那个年轻人最近对我说，就是那一点称赞和那轻微的鼓励，成了他终身事业上的转折点。于是他向朋友借了2500美元，踏上了去纽约的路。你或许也听过他的名字，他是一位有名的歌唱家，叫席贝德。

在许多年前，伦敦有个年轻人，他渴望自己能成为一位作家。可是他所有的遭遇都事与愿违，好像命运处处都跟他作对似的。他只读了4年的书，他父亲就因为还不起债务而锒铛入狱，致使这个年轻人很长一段时间都饱尝饥饿的滋味。最后，他找到一份工作，是在一间老鼠满地跑的货仓里粘贴墨水瓶上的签条。

夜晚，他跟另外两个来自伦敦贫民窟的肮脏顽童住在楼顶的一小间暗房里。那个时候，他对于写作的自信心很薄弱。当他第一篇稿子完成时，生怕会受到别人的讥笑，只得在夜间悄悄地把稿子投入邮箱里。他接连写稿、投稿，但他所寄出的那些稿子也接连地都被退了回来。

终于，伟大的一天来了，他的一篇稿子被录用了。其实，在此之前，他连1先令的稿费也没有得到。但录用他那篇稿子的编辑第一次赞许了他的作品，也就是这次赞许，让他认识到自己在写作方面取得了进步。若不是那次鼓励，这位年轻人可能一辈子都会在那间满是老鼠的货仓里工作。而这位年轻人就是英国大文学家狄更斯。

我们都渴望得到赏识和认可，而且会尽一切努力去得到它。不管是史学家韦尔斯、歌王卡罗莎、铁贝得，还是文学家狄更斯，他们的成功都源自最初那难得的几句赞许。所以说，能力会在批评下萎缩，在赞扬鼓励下开花。而他们三位正是在赞许之声的滋养下让梦想开出了花。

称赞值得称赞的地方，而不是批评可以批评的地方，是B.F.斯金纳的学说的基本理念。这个当代最著名的心理学家的动物实验和人类实验都证明，尽量减少对缺点的关注，强调可称赞的部分，人们身上的优点就会增强，而缺点则会因为缺乏关注而萎缩。

北卡罗来纳州的约翰·林格斯堡在子女教育中就运用了这一方法。就像别家一样，这家的父母好像只有一种方式和孩子交流，那就是吼。事实证明责骂的后果是孩子们越来越不听话，而不是变得更优秀，父母也是这样。这个问题仿佛根本看不到结果。

林格斯堡先生决定使用从我们班上学到的原则，他说："我们决定换个策略，不再唠叨他们的缺点，而是试着表扬他们的优点。但我看到他们浑身都是毛病，真的很难找到可以表扬的地方。后来我们成功地找到了一个值得夸的地方，结果一两天后，他们那些让人恼火的行为很快就偃旗息鼓了。然后，他们其他的缺点也开始消失。他们开始珍惜我们给他们的赞扬，他们甚至开始主动把事情做好。我们简直都不敢相信。当然，改变是一个长期的事，但是孩子们的言行举止已经变好了很多。现在我们根本没必要像以前那样大喊大叫了。孩子们做对的地方远胜于不对的地方。"

这招在工作中也很适用。在加利福尼亚州经营打印店的基斯·罗珀，他的印刷车间送来了一份质量很高的印刷材料。做这件事的印刷工是个新人，还没有完全适应这份工作。车间的总监觉得他态度消极，正在考虑是否开除这个员工。罗珀先生知道了情况后，亲自去印刷车间找那个年轻人聊了聊。罗珀先生对他说，公司对那份材料非常满意，说有段时间没见过厂子里生产出这么好的产品了。他详细地分析这些印刷品的闪光点，并肯定了年轻人对公司的重要性。

你觉得这会改变那个年轻人对公司的态度吗？没过几天，他的态度就开始出现了转变。年轻人对几个同事说了这次谈话，还说厂子里有人真正懂得欣赏好的作品。从那天起，他成了这家公司最忠诚上进的员工。

罗珀先生并没有敷衍这位年轻的印刷工说“你很棒”。他专门指出了他的工作到底哪里出众。他的夸奖有理有据，而不是泛泛地夸。每个人都喜欢被称赞，但只有具体化的称赞才能让人信服，不会被对方当成敷衍的客套话。

假如我们能够激励我们所接触的每一个人，让他们知道自己所潜藏着的才能，那我们所做的，不只是改变他们的意志，而是改变他们一生的命运！在此，我想到了已故的哈佛大学名教授，也是美国最负声誉的心理学家兼哲学家威廉·詹姆斯的名言：“若与我们应当成就的事业相比，我们不过是半醒着的。其实，我们现在只利用到我们身心资源的一小部分。也可以这样说，每一个人就这样地生活着，远在他应有的极限之内；他有各种的力量，可是却惯于不会利用。”是的，就如前面所说的，我们具有各种潜在的能力，可是却惯于不会利用。而这潜在的能力，其中重要的一项就是称赞别人、激励别人，让他们认识到自己这股潜在的能力所蕴藏的神奇效力。

赞美是一剂良药，生活中要适时地称赞别人，哪怕是一个微小的进步，因为它不仅能给人以抚慰、温馨，还能给人以鞭策带来的力量，使人的潜能被充分地激发出来，从而让人产生自尊之心、奋进之力、向上之志。

第七节　称赞对方的名声，让对方主动改变

每个人都喜欢被称赞，而且很爱惜自己的名声，这是人性共同的优点。当你想改变一个人某方面的缺点时，你就要表示出他已经具有这方面的优点了，给他一个好名声让他去保全。即使是孩子也是一样，比如，你想让孩子克服“胆小”的缺点，首先在他恐惧的事情面前，你要夸奖他是一个“勇敢的男子汉”，为保全你赋予他的“勇敢”的美名，他一定会努力尝试去克服“畏惧”的心理，勇敢地面对。如果你想要孩子改变见到熟人不打招呼的缺点，你可以经常在外人面前对其进行称赞，说这个孩子特别大方，喜欢叫人，很有礼貌。相信为了保全你所赋予的“有礼貌”的好名声，这个孩子一定会朝着你希望的方向改变。

露丝·霍普金斯夫人是纽约布鲁克林区的四年级老师，开学第一天她拿到自己班的花名册时，开学的兴奋被焦虑不安困扰着。今年汤米被安排在了她们班。

汤米三年级的老师一直和同事抱怨汤米的恶劣行径。他不只是淘气，还严重违反班纪，和男孩打架，嘲笑女孩，一般老师都没有处理这种学生的经验，而且他越长大越无法无天。他唯一的优点是学习能力很强，学校的功课根本难不倒他。

霍普斯金夫人打算立即着手解决汤米的问题。当她第一次见到全班同学时，把每个人都夸了两句："罗斯，你穿的衣服真漂亮。""艾丽西娅，我听说你画画特别棒。"当说到汤米时，她看着他的眼睛说："汤米，我知道你是个天生的领袖。我打算依靠你，帮助我把这个班变成今年四年级中最好的班。"开学前几天，她反复强调这句话，她夸汤米所做的任何事情，并评论说那件事是怎么说明他是个好学生的。有了一个无法抗拒、无法辜负的美名，这个9岁的小男孩又怎么会辜负霍普斯金夫人的期望呢？他最终真的没有让霍普斯金夫人失望。

不得不承认，这种称赞对方的名声让对方主动改变的做法，真不失为是改变人行为的一个好方法，不只在孩子的世界中如此，而且在成人的生活中也屡试不爽。

欧内斯特·金特夫人住在纽约白利斯德路，她刚雇了一位女佣，并告诉她下星期一开始工作。在这期间，金特夫人打了一次电话给这位女佣以前的女主人，那位太太却说这个女佣并不好。但是当女佣来上班的时候，金特夫人却说："妮莉，前天我打电话给你以前做事的那家太太，她说你诚实可靠，会做菜，会照顾孩子，不过她说你平时很随便，总不能将房间整理干净。我相信她说的是没有根据的，你穿得很整洁，这是谁都可以看出来的。我可以打赌，你收拾房间一定同你的人一样整洁干净。我也相信，我们一定会相处得很好。"

正如包德文铁路机车工厂总经理华克伦所说："一般人都会愿意接受指导，如果你得到他的敬重，并且对他的某种能力表示敬重的话。"而金特夫人的聪明之处就在于此，她首先对女佣的人品和能力表示出了敬重，并进行了称赞，导致妮莉不得不顾全自己的名声，所以金特夫人所讲的，她真的都做到了。金特夫人希望通过称赞女佣的名声让她主动做出改变，结果，金特夫人的期待果然产生了实际效果。她的女佣把屋子收拾得干干净净，宁愿自己多花费些时间，辛苦一些，也不愿意破坏金特夫人对她的好印象。

所以，如果你要改变一个人的行为，不妨"假定"对方有你所要激发的美德，然后给他一个美好的名声让他去表现、去保全，而他必定会尽其所能，不愿意使你感到失望。

乔吉特·勒布朗在她的《一生的纪念：我与梅特林克的生活》一

书中，曾叙述一个自卑的比利时女佣的惊人改变。

“隔壁饭店里有个女佣，每天替我送饭菜来，因为她早先在洗碗处打下手，所以被叫作‘洗碗工玛丽’。她的相貌非常古怪，一对斗鸡眼，两条罗圈腿，身上瘦得没有四两肉，精神也是显得无精打采、迷迷糊糊的。

“有一天，当她用通红的双手端着一盘面给我时，我坦白地对她这样说：‘玛丽，你知不知道你身上有多少宝贵的品质?’

“玛丽习惯了约束自己的情感，所以怔了一下，不敢做出任何表示，生怕会招来什么灾祸。她把面放到桌上后，才叹了口气说：‘太太，我不太敢相信您会这样说。’她没有任何怀疑，也没有提出更多的问题，她只是回到厨房，对大家重复了我刚才说的话。她对这句话深信不疑，以至于没有人取笑她。

“从那天起，人们开始尊重她了。而最让人感到不可思议的是玛丽自身的改变。她相信自己内藏无形的宝藏，她开始注意打扮自己的脸和身体。她那原来枯萎了的青春，渐渐洋溢出青春般的气息来。

“两个月后，当我要离开那地方时，她突然告诉我，她就要跟厨师的侄儿结婚了。她悄悄地告诉我：‘我要去做人家的太太了!’她向我道谢。我只用了这样简短的一句话，就改变了她的人生。”

乔吉特·勒布朗给了“洗碗工玛丽”一个美好的名誉，而那个名誉使玛丽主动做出了改变，也因此改变了她的一生。

当利士纳要影响在法国的美国士兵的行为时，也用了同样的方法。哈巴德是最受人们欢迎的美国将军，他曾经告诉利士纳说，在他看来，在法国的200万美国兵是他所接触过的最合乎理想、最整洁的队伍。

利士纳说："我从未忘记把哈巴德将军所说的话告诉士兵们，我并没有怀疑这话的真实性，即使并不真实，但那些士兵们知道哈巴德将军的意见后，他们也会努力去达到那个水准。"

从这个例子可以看出，哈巴德将军从不吝啬赋予别人美好的名声，而利士纳先生也不会放过任何赞美别人名声的机会。士兵们在得知哈巴德将军的赞美后，将会主动做出改变，向着更高的水准努力。

有这样一句古语："如果不给一条狗取个好听的名字，不如把它勒死算了。"所以，不管是富人、穷人、乞丐，还是盗贼，每一个人都愿意竭尽其所能，保持别人赠予他的美好名声。

兴格监狱狱长劳斯就很好地诠释了想要一个人做出让步，通过称赞对方的名声就可以轻易实现。他说："如果你必须去对付一个盗贼、骗子，只有一个办法可以制服他，那就是待他如同一个诚实、体面的绅士一样，假设他是位规规矩矩的正人君子。这样他会感到受宠若惊，而且会很骄傲地认为有人信任他。"

相信任何一个人都会为保全自己的名声而做出更大的努力。因为名声是最能弘扬和宣传个人价值的东西。一个在权力、金钱、知识等方面登峰造极的人，若没有一定的名声，那他们在社会上所受的尊敬与重视也是有限的，只有把它们转化为好的名声，才能为人们所知晓，才能打动人们的心灵，才能让人们认识其价值。所以，每个人都很爱惜自己的名声，但是可能有些时候意识不到，一旦有人提醒，就会有动力去保全，从而让改变变成自己的主观行动。

▼

第八节　学会鼓励，让对方勇于改变

其实，成功并不像我们想象的那么难。很多事情并不是因为困难才导致我们无法取得成功，而是因为我们不敢做，事情才变得困难。所以，每个人的成功之路上如果都能够遇到一位真诚的鼓励者，让其意识到目标很容易实现，给予前进的动力，我想事情将会变得简单，也更容易帮助他取得成功。这让我想起一个故事，叫“笨孩子的梦想”。

他是一位匈牙利木材商的儿子，由于生得呆笨，人们都喊他“木头”。12岁时，他做了一个梦，梦到有个国王给他颁奖，因为他写的东西被诺贝尔看上了。当时，他很想把这个梦告诉其他人，但是又担心别人会嘲笑自己，最后他只告诉了他妈妈。

妈妈说："假若这真是你的梦，你就有出息了！我曾听说，当上帝把一个美好的梦想放在谁心中时，他就是真心想帮助谁完成的。"

听了妈妈的话，男孩备受鼓舞，他信以为真，从此真的喜欢上了写作。

"倘若我经得起考验，上帝会来帮助我的！"他怀着这份信念开始了他的写作生涯。

三年过去了，上帝没有来；又三年过去了，上帝还没有来。就在他期盼上帝前来帮助他的时候，希特勒的部队先来了。他作为犹太人，被送进了集中营。

在那里，600万人失去了生命，他活了下来。1965年，他终于写出他的第一部小说《无法选择的命运》；1975年，他又写出他的第二部小说《退稿》；接着他又写出一系列的作品。

就在他不再关心上帝是否会帮助他时，瑞典皇家文学院宣布，把2002年的诺贝尔文学奖授予匈牙利作家凯尔泰斯·伊姆雷。他听到后，大吃一惊，因为这正是他的名字。

当人们让这位名不见经传的作家谈谈获奖的感受时，他说："没有什么感受！我只知道，当你说'我就喜欢做这件事，多困难我都不在乎'，这时，上帝会抽出身来帮助你。"

人的进步，自我努力固然是第一要素，但外界因素也不可小觑，套用一位伟人的话说：“鼓励使人进步，打击使人落后”。心理学研究证明，获得别人的肯定和夸奖是人类共同的心理需要。一个人的心理需要一旦得到满足，便会成为鼓励他积极上进的原动力。事实也是这样，一个人只要获得信心，心里一高兴、干劲儿一来，就可以发挥出超乎平常的能力。所以，我们应该多给对方一些鼓励，让对方感到你的要求很容易做到，从而促使其付出更大的努力，争取把事情做得更好。

我有一个尚未结婚的朋友，已经40岁了，不久前才订婚。他的未婚妻劝他学跳舞，可这对他来说或许太迟了一些。他告诉我经过的时候，这样说：

“上帝知道我有多需要上舞蹈课，因为我现在跳起来还是跟20年前开始学跳舞的时候一样。我所请的第一位老师，说的话或许是直了一点。她告诉我说，我的舞步完全不对，必须从头再学起，她的话使我感到很灰心，我无心再继续学了，所以我辞掉了她。

“第二位老师说的也许不是实在话，可是我听了很高兴。她冷漠地说我跳的舞步有点旧式，可是基本步子是对的，她说我不难学会几种流行的新舞步。

“第一个老师，打消了我的学习兴趣，第二个老师恰好相反，她不断地称赞我，使我在心理上感觉到学习跳舞并没有那么困难，通过学习逐渐减少了我在舞步上的错误。她肯定地对我说，你跳舞的时候有一种很自然的韵律感，你应该是一位天才的舞蹈家。不过我自己知道，我只是一位第四流的舞蹈者。可是，在我心里却很希望她所说的是真的。是的，或许是我付了学费，才使她说那些话的。

“但无论如何，我现在所跳的舞步要比之前明显好得多了。所以，我感谢她，是她的那句话鼓励了我，给了我希望，使我自己认识到跳舞并不难，于是才能够充满信心地主动去学习、去不断改进。”

由此可见，一句负面的话可以刺伤一个人的心灵，打击一个人的意志，而一句鼓励的话就可以使对方认识到事情并没有想象中那么难，从而帮助对方建立起信心，促使对方付出更大的努力完成自我的一次超越。

生活中，请别告诉你的孩子、你的另一半，或是你的员工，他在某一件事上愚蠢至极，没有一点天赋，因为这样做只会让整个情况变得更糟，原因是你破坏了他们想要进取、上进的心情。面对这类情况，一定要多加鼓励，告诉他们其实事情很简单，循循善诱，激发其内心的潜力。而在这一点上，我的朋友洛厄尔·托马斯显然做得非常好。有时候我在想，他该是人类关系学上一位伟大的艺术家。他会成全你，给你信心，他会用勇气和信任来鼓励你。

最近，我同托马斯夫妇消磨周末，在一个星期六的晚上，他们约我一起玩桥牌。我对桥牌可以说是一窍不通。这游戏对我来说就像一个极神秘的谜。“不，不，我不会!”我不得不这样说。

托马斯却说：“戴尔，这并没有什么技巧，在玩桥牌时，只要用点记忆和判断就行了，此外就谈不上任何的技巧了。你曾写过一章关于记忆方面的文章，所以，桥牌对你来说是一项极容易学会的游戏。”

这是我有生以来，第一次坐在桥牌桌上，那是由于托马斯说我有玩桥牌游戏的天赋，让我感觉这种游戏并不难。

谈到桥牌游戏，又使我想起埃利·克勃森来。凡玩桥牌的场所，没有人不知道埃利·克勃森这个名字的。他所著的有关桥牌的书籍，已经被译成12种语言，销售发行的数量不下100万册。可是，他曾经这样跟我讲过：“若不是有一个年轻妇人告诉他，说他有玩桥牌的天分，他一定不会以玩桥牌游戏为职业。”

当他在1922年来到美国时，他本打算找一个教哲学或是社会学的职业，可是没有结果。后来，他转行推销煤，结果失败了。最后，他当了咖啡销售，也一无所成。

那时候，他从未想过去教人玩桥牌游戏。他不但是个不精于玩桥牌的人，而且很固执。他常会找出很多麻烦的问题去问对方，所以谁也不愿意跟他一起玩桥牌。

后来他遇到一位美丽的桥牌老师约瑟芬·迪伦。他爱上了她并和她结婚了。当时，迪伦注意到他十分细心地分析自己手里的牌，于是说他对于桥牌具有潜在的天分。埃利·克勃森对我说，就是由于迪伦那句话的鼓励，使他后来成为职业的玩桥牌的专家。

吉米和父母一家三口都住在农场，以农场为家，看到自己的父母因为不懂知识，一辈子就只能在农场干活，十分辛苦。吉米便从小就有了一个理想，就是要成为一名教师。

突然有一天，吉米的父母遭到意外，双双去世，留下吉米一个人独自生活。自从双亲过世之后，他以为自己最好的出路就是留在家里，以担负起农场的工作。而当时，邻居告诉她："只要你不放弃学习，努力抓住一切可以学习的机会，就一定可以成为一名教师。"吉米受到邻居的鼓舞，决定要改变生活的方向，必须克服困难，不能放弃内心要当教师的理想。

后来，农场一再受到沙尘风暴的摧残，他便决定离开农场，要一边从事其他的工作，一边找机会读书学习，不放弃追求自己的理想。于是第二天，吉米到镇上给自己找了一份临时工作，从那时起，他便到处借来了许多书，每天都在工作结束之后，认真研读到深夜，以准备有朝一日能得到他真正想要的工作——当一名教师。果然，他后来终于在一所乡村学校找到教职。由于他努力不懈，不但终能如愿以偿，也赢得了邻居的赞美与尊敬。

通过几句鼓励的话让对方意识到这个要求很容易做到，这个目标很容易实现，就能够帮助对方跨越心理障碍，主动努力向目标靠近，甚至是超越。其实，每个人都应该拥有一双善于发现别人优点的眼睛，诚恳地去赞美别人的优点，告诉对方在某个方面极具潜力，鼓励他大胆去尝试。你的鼓励会向对方传达出你所要求实现的其实并没有那么难，从而在无形中转换成对方奋斗过程中的动力，以此促进对方取得成功。

▼

第九节　让对方乐于帮你做事

让对方乐于帮你做事，关键就在于要让对方有被重视的感觉，从而主动帮你。杜威教授说："自重是人类天性中最强烈的冲动和欲望。"詹姆斯教授说："在人类天性中，最深层的欲望就是渴望得到别人的重视。"毋庸置疑，每个人都希望自己能够成为一个重要的人物，没有人喜欢被轻视。所以，在交际中，应该尽量让对方意识到自己很重要。如果你这样做了，很多问题将变得更易于解决。

1915年，美国举国震惊，因为就在一年间，欧洲各国彼此残杀，规模之大，为人类战争史上所罕见。和平能实现吗？没有人知道。可是，威尔逊总统决心要为这件事而努力，他要派一个代表，一个和平专使，去和欧洲那些军阀们会商。

当时国务卿威廉·詹宁斯·布莱恩力主和平，他希望为这件事奔走。他看出这是个绝好的机会，可以完成一件名垂后世的伟大任务。可是威尔逊总统却派了另外一个人，即布莱恩的好友爱德华·豪斯上校。豪斯上校如果把这件事告诉布莱恩而又不惹起布莱恩的愤怒，确实是一件很不容易做到的事。

豪斯上校的日记上写道："当布莱恩听说我要去欧洲担任和平专使时，显然他感到非常失望。布莱恩表示，这件事原本他是准备自己去的。我回答说，总统认为任何人以官方名义去都不太合适，如果布莱恩去，会引起广泛的注意，人们会揣测他为什么会出现在欧洲……"

豪斯上校的弦外之音不言而喻，他无疑是在告诉布莱恩所居的职位是何等重要，担任和平专使的工作是极不适宜的。而布莱恩听了这番话，自然十分受用。

威尔逊总统邀请威廉·吉布斯·麦卡杜加入他的内阁时，也运用了这项原则。那是他能给予他人的最高荣誉，可是威尔逊总统的做法巧妙地使麦卡杜感觉受宠若惊。下面是麦卡杜自己叙述的故事："威尔逊总统说他正在组织内阁，如果我答应担任财政部长一职，他会觉得荣幸之至。他把这件事说得让人心里非常舒服。他让我感觉到如果我接受这项荣誉，就好像帮了他一个大忙。"如果所有求贤若渴的人都能够像威尔逊总统这样，把对方的到来当作是帮了自己的大忙，让对方意识到自己的重要性，那么，我相信每个人都愿意为其鞍前马后，鞠躬尽瘁。

可不幸的是，威尔逊总统没有坚持运用这一种策略，如果他运用了的话，历史的演变或许跟现在就不一样了。

例如，威尔逊发起美国加入国际联盟一事，并没有获得议院和共和党的赞同。威尔逊总统拒绝让共和党的杰出领袖伊莱休·鲁特、查尔斯·埃文斯·休斯或是亨利·卡伯特·洛奇陪同参加和平会议，反而带了两个党内并没有名望的人去参加会议。他冷落了共和党的要人，使他们觉得创办国际联盟并不是他们的意见而只是总统个人的意图，不让他们插手。威尔逊粗暴的处理方式，摧毁了他自己的事业、损害了他的健康，甚至影响到他的寿命，使美国始终未加入国际联盟，并且改变了历史进程。

著名的双日页出版商，永远遵守这项规则："使人们乐意去做你所建议的事。"他们明确地履行这项规则。著名作家亨利说，那家双日页，有时拒绝替他出版某一部书，可是拒绝得非常谦逊得体，绝不使人有不愉快的感觉。亨利觉得双日页虽然拒绝了他，可是比别家接受他的小说还值得高兴。

另外，我还认识一个人，有许多人请他去演讲，因此他必须拒绝不少人。但是，来邀请他去的都是他的朋友，或是那些极有声望的人。

然而，他婉辞得非常巧妙，对方虽然遭他拒绝，可是仍然感到很满意。

他是如何应付他们的？他并没有说自己多么忙，也没有找任何借口。他先是感谢对方的邀请，同时感到非常抱歉，接着他向对方推荐另外一位演讲者。也就是说，他不会使人感到不愉快。

他会给出这样的建议："你为什么不请我的朋友，布鲁克林鹰报的编辑洛格斯先生为你们演讲？你有没有想到那位伊考克先生，他曾在巴黎住了15年，关于他在欧洲做通讯员的经验，相信会有许多惊奇的故事可说。还有那位郎法洛先生，他有很多在印度打猎的影片。"

可见，这个人之所以婉拒得很巧妙，关键一点就是让自己所推荐的那些人都显得比自己重要，所以才能让邀请者满意而归。

其实，万特也是运用这一技巧的高手。万特是纽约万特印刷公司的经理，他要改变一位技师的态度和要求，而不引起对方反感。这位技师负责管理若干台打字机和其他日夜不停的机器。他总是抱怨工作时间太长，工作太多，他需要一个助手。

可是万特先生并没有缩短他的工作时间，没有替他添任何一个助手，却能使这位技师高兴起来，这是什么原因呢？万特想出的主意其实十分简单，他给了那位技师一间私人办公室，并且在办公室外面挂上了一块牌子，上面写着他的名字和头衔"服务部主任"，以此来抬高他。

这么一来，他不再是任何人都可以随便下命令使唤的修理匠了。

他现在是一个部门的主任，他有了自尊、自重的感觉。这位服务部主任现在很高兴，已不再抱怨了。

或许有人觉得这种做法太幼稚了。或许是的。但是就有这样一件事，发生在拿破仑身上。当他训练荣誉军团时，向他的士兵发出1500枚十字勋章，封他的18位将军为“法兰西元帅”，还称他的军队为“伟大的军队”。人们也说他孩子气，讥笑他发给士兵的勋章是“玩具”。拿破仑回答说：“是的，有时人就是受玩具所统治。”

这种以名衔或权威赠予的方法，对拿破仑有效，对你同样有效。我在纽约的朋友欧内斯特·金特夫人家里有一块草地，常被那些顽皮的孩子所践踏，使她受到很大的困扰。她对那些孩子劝告、吓唬都不管用。她从他们之间找到一个最坏的孩子，并给了他一项特别的工作。她让他做自己的“私家侦探”，专门保卫她的草坪免受“入侵”。她这个办法果然有效。做“私家侦探”的那个孩子，在草坪附近燃起一堆火，把一条铁棍烧得红红的，恐吓那些孩子，谁再闯进草地，他就用烧红的铁烫谁。

其实，生活中想要改变他人的意志，而不引起对方的反感，最好的方法就是使人们乐意去做你所建议的事情。掌握了这个方法，你会发现很多事情都能被顺理成章地解决掉，丝毫不会让人感觉为难。